PastFinder NÜRNBERG

Kreation und Leitung: Maik Kopleck; Autor: Robert Kuhn

VORWORT	2
ALTSTADT	4
INNENSTADT	26
REICHSPARTEITAGGELÄNDE	42
NÜRNBERGER PROZESSE	68
AUSSENBEZIRKE	76
FÜRTH	90
BAYREUTH	104
UMLAND	114
INDEX/IMPRESSUM	138
INFORMATIONEN	144

Zweite Ausgabe MMX© **PastFinder** Ltd., Düsseldorf. Alle Rechte vorbehalten.

Dieses Buch, einschließlich aller seiner Teile, ist urheberrechtlich geschützt. Vervielfältigungen, Übersetzungen, Mikroverfilmungen sowie die Einspeicherung und Verarbeitung in elektronischen Systemen bedürfen der schriftlichen Zustimmung des Verlages. **PastFinder** ist ein eingetragenes Markenzeichen. Die Informationen in diesem Stadtführer stammen aus zuverlässigen Quellen; für ihre Vollständigkeit und Richtigkeit können wir jedoch keine Haftung übernehmen.

Liebe Zeitreisende!

Es begann alles im Sommer 2001 in Berlin.
Als Zugereister sieht man manchmal mehr als der Einheimische. Mir fielen besonders die noch zahlreich vorhandenen, aber nicht immer offen zu Tage liegenden Relikte der jüngeren deutschen Vergangenheit auf. Hinzu kamen die vielen Hauptstadt-Besucher, die auf der Suche nach diesen Spuren im Wortsinne planlos zwischen dem Reichstag und dem Potsdamer Platz umherliefen.

So beschloss ich, als gelernter Grafik-Designer und ungelernter Historiker einen Stadtführer zu konzipieren, der die bekannten und weniger bekannten Orte der Berliner Geschichte von 1933 bis 1989 auf kompakte und ansprechende Weise auffindbar macht und erklärt.

Das Ergebnis war der im März 2004 erschienene *PastFinder Berlin 1933–1945*, dem der *PastFinder Berlin 1945–1989* folgte. Aufgrund des großen Erfolges entstanden in der Folgezeit für andere Städte und Regionen weitere historische Stadt- und Reiseführer in der *PastFinder-Serie*.

Mit dem Ihnen vorliegenden *PastFinder Nürnberg* von Robert Kuhn wünsche ich Ihnen eine erfolgreiche Spurensuche.
Ich weiß, die Reise in die deutsche Vergangenheit ist nicht immer eine Vergnügungsreise. Aber: *"Wer vor der Vergangenheit die Augen verschließt, wird blind für die Gegenwart."*
– *Richard von Weizsäcker*

Maik Kopleck
Gründer und Verleger

4 ALTSTADT

1 Junkers Ju 52 Bomber der Luftwaffe über der Altstadt, im Vordergrund das Leitwerk einer Maschine (1935)

ALTSTADT 5

6 ALTSTADT

1 NS-Wehrverbände paradieren durch die Karolinenstraße, im Hintergrund die St.-Lorenz-Kirche

Altstadt

Es gibt wenige deutsche Städte, deren Erscheinungsbild über die Jahrzehnte und fast schon Jahrhunderte hinweg so widersprüchlich war und ist, wie das von Nürnberg. Was vor 1933 als die "Herzstadt des Reiches", "des Reiches Schatzkästlein", ja die "deutscheste aller deutschen Städte" romantisch verklärt worden war (auch oder gerade von den Nationalsozialisten), war nach dem unrühmlichen Ende des "Tausendjährigen Reiches" lange Jahre mit dem Makel der "Stadt der Reichsparteitage", des "Stürmer", der Rassegesetze und der Kriegsverbrecher-Prozesse behaftet. In letzter Zeit hat sich das Nürnberg-Bild einigermaßen normalisiert. Die Stadt hat nicht versucht, ihre Verstrickung in die Gräuel des NS-Regimes zu verdrängen oder gar zu leugnen. Vielmehr hat sie gelernt, mit dieser historischen Hypothek zu leben. Jetzt kann jeder Nürnberg-Besucher selbst unbefangen Bilanz ziehen und entscheiden, ob die Licht- oder die Schattenseiten der fast 1.000 Jahre alten Stadt überwiegen. Herz- und Kernstück des Nürnberg-Mythos ist die Altstadt. Adolf Hitler muss sich in diesen Mythos verliebt haben. Jedenfalls setzte er nach dem Machtwechsel von 1933 alles daran, die Altstadt – hauptsächlich durch Entkernung der Block-Innenräume – zu "entschandeln", wie das damals hieß. Doch am Ende waren es die alliierten Bomberverbände, die die Entkernung besorgten: Nach der verheerenden Nacht vom 2. Januar 1945 lag Alt-Nürnberg zu 90 Prozent in Schutt und Asche.

8 ALTSTADT

N ↑

- Wielandstr.
- Bucher Str.
- Vestnertorgraben
- Lange Zeile
- Campe Str.
- Frommannstr.
- Burgbasteien
- Vestnertor
- Burgschmietstr.
- Tiergärtnertor
- **Reichsburg**
- **Burg Kaiserkap.**
- St.-Johannis-Mühlgasse
- Johannisstr.
- Neutorgraben
- Beim Tiergärtnertor
- Ob. Schmiedg.
- ❶
- ⓬
- Bergstr.
- Ob. Krämerg.
- ❸ **A. Dürer-Haus**
- Neutorturm
- Neutormauer
- A.-Dürer-Str.
- Neutorstr.
- Irrerstr.
- ⓫ A.-Dürer-Platz
- Hallerwiese
- Füll
- Sebalder Platz
- ❼
- ❻
- **St.-Sebald.-K.**
- Karlstr.
- Winklerstr.
- Pegnitz
- Hallertor
- Praterstr.
- Westgraben
- Kettensteg
- Maxplatz
- Kontumazgarten
- Kontumazgarten
- Maxbr.
- Trödelmarkt
- Fleischbr.
- Unschlittplatz
- Karlsbr.
- Obere Turnstr.
- Spittlertorgraben
- Kaiserstr.
- Josephsplatz
- Westtormauer
- Vord. Lederg.
- Karolinenstr.
- Ludwigsplatz
- Hefnersplatz
- LORENZ
- Rosenau Park
- Brunnengasse
- ⓲ Spittlertormauer
- Schloßgerg.
- **St.-Elisab.-K.**
- Breite Gasse
- Fürther Tor
- Frauengasse
- Dennerstr.
- Schleheng.
- **St.-Jakob-K.**
- Dr.-K.-Schumacher-Str.
- Jakobsplatz
- Ludwigstr.
- Jakobstr.
- Ludwigstor
- Ottostr.
- Färberstr.
- Kornmarkt
- Am Plärrer
- Spittlertorturm
- ⓴
- **German. Nationalmus.** ㉑
- Am Plärrer
- Spittlertorzw.
- Spitteltor
- Kartäuserg.
- **Kartäuser-K.**
- Frauentormauer
- Steinbühler Str.
- Jacobstor
- Färbertor
- Sandstr.
- Frauentorgraben
- Kartäusertor
- Sterntor
- **Opernhaus**
- R.-Wagner-Platz
- Lessingstr.
- **DB Museum**
- Schanzäckerstr.
- Zeltnerstr.
- Sandstr.

ALTSTADT 9

Adolf Hitler näherte sich Nürnberg am liebsten aus der Luft. Leni Riefenstahl inszenierte gleich zu Beginn ihres Filmes >"Triumph des Willens" sein Eintreffen vor dem Reichsparteitag von 1934 wie die Ankunft eines Messias. Im magischen Sonnenlicht der aufbrechenden Wolkendecke ließ sie das Flugzeug des "Führers" in die Stadt einschweben.

1 Hitlers Junkers Ju 52 (D-2600 "Immelmann II") der Lufthansa über der Reichsburg (1934)

Nürnberg - des Reiches Schatzkästlein

1 Reichsburg Die Freie Reichsstadt Nürnberg war im Mittelalter ein Lieblingsaufenthaltsort der deutschen Kaiser. Ludwig der Bayer (1282–1347) soll mehr als 60 mal hier Hof gehalten haben. In Nürnberg fanden zahlreiche bedeutende Reichstage statt. Hier wurde 1356 die "Goldene Bulle" beschlossen, wonach jeder neugewählte Kaiser seinen ersten Reichstag in Nürnberg zu halten habe. Hierher ließ Kaiser Sigismund (1368–1437) im Jahr 1423 die Reichskleinodien verbringen, als Zeichen seines Vertrauens in die

Kaiser Sigismund hatte 1423 die Reichskleinodien Nürnberg "für alle Zeiten" in Obhut gegeben. So erhielt die Stadt ihren Beinamen "des Reiches Schatzkästlein". Heute ist nur noch eine Teilkopie des Kronschatzes im Alten Rathaus zu besichtigen. Das Original befindet sich in Wien (Hofburg).

Stadt – und in den Schutz der Burg. Doch was allgemein die Nürnberger Burg genannt wird (und von weitem auch so aussieht), sind in Wirklichkeit drei Burgen, drei heterogene Baugruppen, die sich einst nach Recht und Funktion erheblich unterschieden: von der Altstadt aus gesehen links die Kaiserburg, um einen Innenhof gruppiert und durch eine Vorburg mit dem hoch aufragenden Sinwellturm geschützt; daneben die Burggrafenburg mit Fünfeckturm und Walburgiskapelle; schließlich rechts, auf der östlichsten Spitze des Burgfelsens, die reichsstädtischen Bauten mit Kaiserstallung und dem Luginsland-Turm. Dieses stolze Ensemble von Mauern und Türmen, das da auf dem 250 Meter langen und 50 Meter breiten Sandsteinfelsen wie eine Krone über der Stadt thront, ist nicht nur das Wahrzeichen Nürnbergs, sondern *"eine der historisch und baukünstlerisch bedeutendsten Wehranlagen Europas"* (Victoria Salley in "Kaiserburg Nürnberg"), ja die *"besitz- wie baugeschichtlich wohl ungewöhnlichste Großfestung Mitteleuropas"* (Helmut Häußler in "Nürnberg zu Fuß"). Kein Wunder, dass dieses Gesamtkunstwerk nach 1933 für die neuen nationalsozialistischen Herren zu einem *"nationalstiftenden Objekt der Begierde"* (V. Salley) wurde, das es galt, mit großem Aufwand zu restaurieren. Genauso wie es knapp zehn Jahre später für die alliierten Kriegsgegner zu einem gut sichtbaren Ziel der Zerstörung wurde, die ihnen gründlich gelang. Nur einige wenige romanische Bauteile blieben von den Bomben verschont. Doch die Nürnberger ließen sich nicht entmutigen und bauten die Reichsburg nach dem Krieg weitgehend originalgetreu wieder auf. Heute wird das Ensemble für kulturelle, politische und gesellschaftliche Einrichtungen und Veranstaltungen genutzt und kann besichtigt werden. → *Auf der Burg 13* ⏲ *Mo–So, Apr–Sep 9–18, Okt–Mär 10–16 Uhr* Ⓤ *Lorenzkirche*

2 Adolf-Hitler-Jugendherberge / Jugendherberge Nürnberg

Die ehemalige Kaiserstallung, ein alter, städtischer Kornspeicher (Baujahr 1494/95), mit dem daneben stehenden, 1377 erbauten Turm Luginsland, in dem einst Kaspar Hauser als Gefangener einsaß, ist heute Sitz einer modernen Jugendherberge. Die Idee zu Umbau und Umwidmung hatte Adolf Hitler, der dringend Übernachtungsgelegenheiten suchte für "jugendliche Wanderer", die alljährlich in großen Scharen aus allen deutschen Gauen zu seinen > Reichsparteitagen gepilgert kamen. Bis zu 450 Personen fanden damals in der "Reichsjugendherberge" auf der Burg einen Schlafplatz. → *Burg 2* Ⓤ *Lorenzkirche*

3 Albrecht-Dürer-Haus

Albrecht Dürer (1471–1528), der wohl bedeutendste Nürnberger Künstler, wohnte und arbeitete von 1509 bis zu seinem Tod, also fast 20 Jahre lang, mit seiner Frau, seiner Mutter und seinen Gesellen in dem um 1420 erbauten vierstöckigen Anwesen direkt unterhalb der Burg, das jetzt ein Museum ist. Die Dauerausstellung zeigt den Meister in all seinen Facetten: Leben und Wohnen, Arbeiten und Werk. In der Malwerkstatt mit grafischem Atelier lassen sich die künstlerischen Techniken

Das Dürer-Denkmal (Entwurf Christian Daniel Rauch) mitten auf dem Albrecht-Dürer-Platz war 1840 das erste Denkmal in Deutschland, das nicht einem Herrscher, sondern einem Künstler gewidmet wurde.

1 Vestner Turm der Burg (1900)

1 Doppelkopfadler am Burgtor

3 Dürer-Haus

5 Hitler vor dem Nürnberger Rathaus

6 "Judensau" an der St. Sebaldus

4 Im Fembohaus

8 Blick über die zerstörte Altstadt auf die Reichsburg (1945)

seiner Zeit studieren. In der Dachgalerie kann man einige besonders interessante grafische Werke Dürers bewundern. Sehenswert sind auch die zwei alten Küchen: die Kochküche im 1. Obergeschoss, in der sich auch der historische Abtritt befindet, und die Leim- und Farbenküche im Stockwerk darüber.
→ *Albrecht-Dürer-Str. 39* ⏱ *Di–So 10–17, Do 10–20 Uhr* Ⓤ *Lorenzkirche*

4 Stadtmuseum Fembohaus

Das Stadtmuseum im Fembo-Haus, dem einzigen erhalten gebliebenen Bürgerhaus der Nürnberger Spätrenaissance, zeigt Nürnberg als Kaiserstadt und Zentrum von Handel und Handwerk. Ein "Tönendes Stadtmodell" aus Holz (1939) lässt das historische Stadtbild wieder lebendig werden. Sehenswert sind auch die original gestalteten Räume des 17. und 18. Jahrhunderts, als eindrucksvolle Zeugnisse von Reichtum und Kultur der Patrizier. Besonders sehenswert: der älteste holzvertäfelte Familiensaal Nürnbergs, die prächtigen Stuckdekorationen und das "Schöne Zimmer".
→ *Burgstraße 15* ⏱ *Di–Fr 10–17, Sa, So 10–18 Uhr* Ⓤ *Lorenzkirche*

5 Altes Rathaus und Lochgefängnisse

Das Alte Rathaus besteht aus mehreren Bauteilen aus verschiedenen Epochen. Die drei wichtigsten sind der hochgotische Saalbau mit dem "Großen Rathaussaal" aus der Zeit um 1340, die spätgotische Ratsstube aus 1514/15 und das eigentliche Rathaus im Stile der italienischen Renaissance von 1622. Ein Pelikan über dem Hauptportal verkündet die aufopferungsvolle Sorge des Rates um die Stadt: *"PLEG - Prudentia, legibus et gratia".* (Wir regieren durch Klugheit, Gesetz und Gnade.) Die vier Figuren über den Seitenportalen versinnbildli-

chen die vier Weltreiche der Antike, in deren Tradition sich Nürnberg selbstbewusst einreihte als eine der bedeutendsten Städte des Heiligen Römischen Reiches Deutscher Nation.
In den Kellergewölben des Rathausbaus kann man eine – heute wieder durchaus aktuelle – Anstalt des mittelalterlichen Strafvollzugs besichtigen: die so genannten Lochgefängnisse. Es handelt sich um zwölf kleine Zellen und eine größere, ihrer Ausmaße wegen "Kapelle" genannte Folterkammer, die bereits im 14. Jahrhundert eingerichtet worden waren. Sie dienten sowohl als Untersuchungsgefängnis als auch zum Verwahren der Häftlinge bis zur Urteilsvollstreckung. → *Rathausplatz 2* ⏲ *Lochgefängnisse, Apr–Okt Mo–Fr 10–16.30 Uhr, Feb–Mär Di–So 10–16.30 Uhr* ⓤ *Lorenzkirche*

6 St. Sebalduskirche

Die Nürnberger Altstadt kann zwei bedeutende Kirchenbauten aus dem Mittelalter vorweisen: St. Sebaldus und St. Lorenz. Beide Kirchen sind trotz ihrer Größe nie Kathedralen gewesen, also Bischofskirchen, sondern waren immer Pfarrkirchen, eine Art Bürgerdom, die das Selbstbewusstsein der Bevölkerung einer Freien Reichsstadt repräsentierten. St. Sebaldus (Baujahr ca. 1230) ist die ältere der beiden Großkirchen und eigentlich eine Wallfahrtskirche. In der zweiten Hälfte des 14. Jahrhunderts wurde der romanische Ostchor mit dem Grab des Hl. Sebaldus niedergelegt und durch einen spätgotischen Hallenchor ersetzt. Dadurch gewann man mehr Platz für die immer zahlreicher werdenden Wallfahrer zum Grab des Hl. Sebaldus. Das weltberühmte Sebaldus-Grab von Peter Vischer stammt aus der Zeit um 1515 und sollte mehrfach verkauft werden. 1806 wollte es die tief verschuldete Stadt veräußern,

Julius Streicher 1885–1946

Der als "Frankenführer" in die Geschichte eingegangene Julius Streicher war gar kein Franke, sondern Schwabe, geboren am 12. Februar 1885 in Fleinhausen bei Augsburg. Von Beruf war er Hauptschullehrer, von seiner politischen Einstellung her völkischer Antisemit.

Streicher setzte schon früh auf die Karte Hitler. Bereits 1922 gründete er die Nürnberger Sektion der NSDAP, ein Jahr später beteiligte er sich an Hitlers Münchner Putschversuch. Seitdem galt er als einer der wenigen persönlichen Freunde Adolf Hitlers. Im gleichen Jahr, 1923, gründete er in Nürnberg eine Wochenzeitschrift, die bis heute mit seinem Namen aufs Unrühmlichste verbunden ist: das antisemitische Hetzblatt > "Der Stürmer". 1930 wurde er NSDAP-Gauleiter von Franken. Ab 1933 war Streicher der mächtigste Mann in der Stadt, ja ganz Mittelfrankens. Dank des publizistischen Einflusses und der beträchtlichen Erlöse seiner Zeitschrift (die ihm selbst gehörte), vor allem aber dank der persönlichen Freundschaft mit Hitler konnte Streicher auf Behörden, Institutionen und Wirtschaftsunternehmen seines Gaues einen nahezu diktatorischen Druck ausüben. Und er nutzte diese Macht, und zwar vornehmlich dazu, sich schamlos zu bereichern. Das geeignete Instrument dazu hieß "Arisierung". Doch Streicher überspannte derart den Bogen, dass 1938, vor allem auf Betreiben des Nürnberger Polizeipräsidenten Dr. Martin, eine auswärtige Kommission eingesetzt wurde, die die Machenschaften Streichers und seiner Clique untersuchte und zahlreiche Ungesetzlichkeiten bei deren "wilder" Arisierung aufdeckte. Trotzdem konnte sich Streicher noch bis zum Februar 1940 im Amt halten. Dann erst befand das Oberste Parteigericht, dass der Altgenosse und Hitlerfreund *"zur Menschenführung ungeeignet"* sei. Und erst danach entschied Hitler, widerstrebend, der "Frankenführer" dürfe seine Ämter nicht mehr ausüben und müsse sich auf sein > Gut Pleikershof zurückziehen. Als Gauleiter wurde Streicher nie offiziell abgesetzt. Kurz vor Kriegsende tauchte er unter, wurde aber in Oberbayern aufgespürt und im > Nürnberger Prozess zum Tode verurteilt.

Streicher und Hitler an der Baustelle des "Hitler-Hauses"

14 ALTSTADT

9 Tribünen vor der Frauenkirche während des Reichsparteitags 1933

5 Stadtwappen am Alten Rathaus

9 Frauenkirche

8 NS-Kraftfahrerkorps passieren Hitler und Göring am Hauptmarkt (1935)

fand aber keinen Käufer. Anfang der 50er Jahren des 20. Jahrhunderts bot eine US-amerikanische Kirchengemeinde eine hohe Summe, hatte aber, zum Glück, letztlich kein Glück.

Ein Detail an der Fassade des Ostchors der Sebalduskirche ist, obwohl über 600 Jahre alt und nur für Eingeweihte erkennbar, auch heute noch geeignet, öffentliches Ärgernis zu erregen: die reliefartig in Sandstein gehauene Darstellung der "Judensau", einer im Mittelalter verbreiteten Form der antisemitischen Hetze in Form eines Mutterschweins, an dessen Zitzen kleine Menschenkinder saugen. → *Sebalder Platz* ⏲ *Jan–Mär 9.30–16, Apr–Mai 9.30–18, Jun–15. Sep 9.30–20, 16. Sep–Dez 9.30–18 Uhr* Ⓤ *Lorenzkirche*

7 Bratwurstglöckle Die weltberühmten Nürnberger Bratwürste, heute eine kulinarische Spezialität, waren einst ein Armeleute-Essen. Ihre Geburtsstätte ist ein schlanker Saalbau direkt neben der Sebalduskirche, genannt Moritzkapelle, genauer gesagt dort ein winziger gastronomischer Anbau namens Bratwurstglöckle. Dort befand sich jahrhundertelang eine Garküche (heute würde man "Fastfood-Lokal" dazu sagen), wo im Mittelalter den Packknechten der hereinkommenden Kauffahrzüge Brot, Käse und Bier verabreicht wurden - und eben die aus Fleischerei-Resten hergestellten Bratwürstchen, der einzige Wirtshausartikel, der auch über die Straße verkauft werden durfte. Leider haben weder Moritzkapelle noch Bratwurstglöckle die Bombennächte des 2. Weltkriegs heil überstanden. Immerhin gibt es heute ganz in der Nähe mit dem Bratwursthäusle (Rathausplatz 1) und dem Bratwurströslein (Rathausplatz 6) zwei Alternativen. → *Sebalder Platz* Ⓤ *Lorenzkirche*

Leni Riefenstahl und ihr Chefkameramann Sepp Allgeier bei Dreharbeiten zu > "Triumph des Willens" (1934) auf dem Hauptmarkt. Allgeier wurde 1936 zum Reichskultursenator ernannt, 1939 dokumentierte er mit Riefenstahl den deutschen Polen-Feldzug. Bis 1945 war er als Filmberichter der Wehrmacht und Spielfilm-Kameramann tätig.

8 Hitler und Himmler auf dem Hauptmarkt

Der Hauptmarkt als Aufmarschplatz

8 Hauptmarkt Dieser Platz hat Geschichte erlebt und gemacht. Bis zur Mitte des 14. Jahrhunderts befand sich hier das Judenviertel. Der als besonders fromm geltende Kaiser Karl IV. gestattete den Nürnbergern, das Ghetto 1349 zu schleifen und 562 Juden als angebliche Brunnenvergifter am Sündenbühl, dem heutigen Stadtpark, bei lebendigem Leibe zu verbrennen. Wo die Synagoge gestanden hatte, ließ er ein katholisches Gotteshaus, die > Frauenkirche, errichten. Derart kriminell vorbelastet machte der Platz in den folgenden Jahrhunderten eine wechselvolle Karriere. Unter anderem wurden dort alljährlich bei den sog. Heiltumsweisungen die > Reichskleinodien, die Kaiser Sigismund 1423 nach Nürnberg geholt hatte, in feierlicher Zeremonie dem Volke gezeigt. Im 20. Jahrhundert waren es dann die militärischen Ereignisse, die Nürnbergs gute Stube beherrschten: 1905 paradierte dort Kaiser Wilhelm II. mit großem Tschingderassabumm; nach 1933 nahm der "Führer" auf dem – unverzüglich in Adolf-Hitler-Platz umbenannten – *"deutschesten aller Plätze"* alljährlich aus Anlass der Reichsparteitage stundenlang die Parade seiner begeisterten Gefolgsleute ab (die dort am 10. Mai 1933 die Bücher verfemter Autoren verbrannt hatten). Am 20. April 1945 hielten an gleicher Stelle die siegreichen US-Amerikaner vor improvisierten Tribünen inmitten der Ruinen ihre Siegesparade ab. Doch es gibt auch zwei erfreuliche Einrichtungen auf diesem denkwürdigen Platz, die den Lauf der Jahrhunderte nahezu unversehrt überstanden haben: der "Schöne Brunnen", in Gestalt einer 19 Meter hohen, hochgotischen Kirchturmspitze, und der aus einem Gewohnheitsrecht um 1610 entstandene "Christkindlesmarkt". → *Hauptmarkt* Ⓤ *Lorenzkirche*

"Würstlein essen ist gut,/ doch ist's was Alltägliches, Kleines./ Aber Würstlein essen, die knusprig und frisch,/ mit Sauerkraut im pikanten Gemisch,/sitzend an einem historischen Tisch,/das ist was Feines!" (Aus Helene von Forsters Bratwurst-Gedicht.)

8 "Das braune Heer" - SA-Kolonnen marschieren am Hauptmarkt an Hitler vorüber

ALTSTADT 17

BombenSicher! Schutzanlage zur Rettung wertvoller Kunstwerke im II. Weltkrieg – Der geheime Kunstbunker im Burgberg

Bei Kriegsende im Mai 1945 war Alt-Nürnberg zu 90% zerstört. "Sebalder Steppe" nannten die Überlebenden das Trümmerfeld inmitten ausgeglühter Häuserruinen und gelegentlicher schmaler Trampelpfade. Nur die Jahrhunderte alten, bis zu vier Etagen in den Sandstein gehauenen Felsenkeller unterhalb des Burgviertels hatten das Inferno unbeschadet überstanden.

Der geheime Kunstbunker im Burgberg

9 Frauenkirche Die Frauenkirche, eine hochgotische Markthallenkirche (Einweihung 1358), die ursprünglich als kaiserliche Hofkapelle gedacht war, ist der dominierende Blickfang auf dem > Hauptmarkt, besonders zur Mittagsstunde. Dann ist am Giebel des Michaels-Chores das sog. "Männleinlaufen" zu sehen (und zu hören), die tägliche Huldigung des Kaisers durch die sieben Kurfürsten. Mit diesem Glockenspiel wollten die Nürnberger Anfang des 16. Jahrhunderts dem königlichen (ab 1355 kaiserlichen) Urheber des Gotteshauses, Karl IV. (1346–78), ein Denkmal ihres doppelten Dankes setzen. Dank dafür, dass er ihnen 1349 erlaubt hat, die Juden aus der Stadtmitte zu vertreiben (und zu ermorden), und Dank dafür, dass er 1356 in der "Goldenen Bulle" festgelegt hat, jeder neu gewählte König habe seinen ersten Reichstag in Nürnberg abzuhalten. 1945, nach dem Bombenhagel des 2. Weltkrieges, war von der einstigen Pracht der Kirche nichts mehr vorhanden, nur die Umfassungsmauern und Teile der Fassade waren erhalten. Der Wiederaufbau dauerte 10 Jahre → *Hauptmarkt* ⏲ *Mo 8–18, Di 9–18, Mi 8–19, Do 8–18, Fr 9–18, Sa 9.30-18.30, So 12.30–19 Uhr* Ⓤ *Lorenzkirche*

11 Nürnberger Felsengänge Unter dem Burgberg befindet sich seit Jahrhunderten ein weit verzweigtes, labyrinthartiges Gang- und Höhlensystem, zum Teil auf mehreren unterirdischen Etagen. Früher dienten die Stollen vor allem als Bierkeller und Kühlräume für die Warenvorräte. Heute finden in einem Teil der Burgkeller Ausstellungen und Führungen statt, die tiefe Einblicke in die Nürnberger Unterwelt gewähren. In der NS-Zeit wurden die Keller als Luftschutz-Bunker genutzt, einige auch als provisorische Gefängnisse für Nazigegner missbraucht. Die alten Kellergewölbe waren ideal für die Luftschutz, weil sie größtenteils miteinander verbunden sind. Mehrere tausend Menschen fanden dort während der Bombennächte Schutz. Dies ist mit ein Grund dafür, dass Nürnberg, obwohl stark zerstört, im Vergleich zu anderen großen Städten relativ wenige Menschenopfer zu beklagen hatte. Der Eingang zu den Felsengängen befindet sich direkt neben dem Albrecht-Dürer-Denkmal. Hier starten heute die Führungen durch das Keller- und Bunkersystem, die wegen des großen Interesses mehrmals täglich stattfinden. Mit 1.200 Schutzplätzen gehörte der Tiefbunker zu den größten unterirdischen Luftschutzbunkern Nürnbergs. → *Albrecht-Dürer-Platz, Treffpunkt u. Kartenvorverkauf im Brauereiladen des Altstadthofs: Bergstr. 19* ⏲ *Mo–So 11, 13, 15, 17 Uhr* Ⓤ *Lorenzkirche*

12 Banktresortür im Kunstbunker

12 Historischer Personalraum im Kunstbunker

ALTSTADT

10 Museum Tucherschloss

Das Tucherschlösschen steht für die große Zahl der im 16. Jahrhundert entstandenen repräsentativen Stadtpaläste der reichen Nürnberger Patrizier-Geschlechter. Im Museum Tucherschloss lebt diese Welt der großen Handelsfamilien wieder auf. Gezeigt werden neben wertvollen Möbeln und Tapisserien so kostbare Kunstschätze wie die berühmte silberne Doppelpokal von Wenzel Jamnitzer und das tiefgründige Portrait Hans VI. Tucher von Michael Wolgemut, Dürers Lehrmeister. Im Garten des Tucherschlosses hat auch der berühmte Hirsvogel-Saal, ein Schatzkästlein der Nürnberger Renaissance, eine neue Heimat gefunden. Nach der Zerstörung des Hirsvogel-Anwesens im 2. Weltkrieg war der Saal Jahrzehnte lang an anderer Stelle provisorisch untergebracht. Die Innenausstattung von 1534 wurde aufwändig restauriert. Die reich verzierte Wandtäfelung erhielt wieder ihre farbige Originalfassung, das prachtvolle Deckengemälde des Dürer-Schülers Georg Pencz ist nicht mehr unter Übermalungen versteckt. → *Hirschelgasse 9–11* ⏰ *Mo 10–15, Do 13–17, So 10–17 Uhr* Ⓤ *Rathenauplatz*

12 Historischer Kunstbunker

Eine Nürnberger Besonderheit ist der – inzwischen als Museum zugängliche – Historische Kunstbunker direkt unterhalb der Kaiserburg (nicht zu verwechseln mit dem für Kunstausstellungen genutzten *Kunstbunker* am Bauhof 9, hinter dem *Künstlerhaus*). Im Gegensatz zur Praxis in vielen anderen Städten hat Nürnberg seine wertvollsten Kunstwerke während des 2. Weltkrieges nicht nach auswärts verlagert, sondern zwei Keller im felsigen Untergrund der nördlichen Altstadt zu bomben-, feuer- und einbruchsicheren Kunst-Lagerstätten ausgebaut und vollklimatisiert. Die wertvollsten Schätze, darunter auch die › Reichskleinodien, der berühmte "Englische Gruß" des Veit Stoß oder das "Männleinlaufen" der › Frauenkirche waren in den am tiefsten gelegenen Räumen hinter schweren, zentimeterdicken Bank-Tresortüren eingelagert. Geschützt durch eine 24 Meter dicke Felsschicht überstanden so sämtliche Kunstgegenstände unversehrt den Bombenkrieg. Außerdem sehenswert: die Kasematten der Burg und die Felsengänge der Lochwasserleitung. → *Obere Schmiedgasse 52* ⏰ *Mo–So 15 Uhr* Ⓤ *Lorenzkirche*

13 Paniersbunker

Der Paniersbunker spielte in der Endphase des 2. Weltkriegs eine besondere Rolle. Hier befand sich die Befehlszentrale der Führungsspitze von Gauleitung und Stadtverwaltung. Erst als die angreifende US-Armee am 18. April 1945, also zwei Tage vor Nürnbergs Fall, schon bis zum Stadtmauerring vorgedrungen waren und die giftigen Dämpfe ihrer Phosporgranaten bis in den Bunker drangen, entschlossen sich die letzten Verteidiger, ihre Führungszentrale zu räumen und sich in den › Palmenhofbunker zurückzuziehen, zum letzten Gefecht. → *Paniersplatz* ⏰ *derzeit nicht öffentlich zugänglich* Ⓤ *Rathenauplatz*

12 Ehem. Schutzraum der Reichskleinodien im Kunstbunker

12 Lagerkiste für Kunstgegenstände

Millionenauflagen mit antisemitischer Propaganda

"Der Stürmer"-Verlag

Die 1923 von Julius Streicher gegründete Zeitschrift "Der Stürmer" erschien zunächst (bis 1935) im Völkischen Verlag Wilhelm Härdel. Anschließend übernahm Streicher selbst die - lukrative - Verlegerrolle und gab sein Hetzblatt im eigenen "Verlag Der Stürmer" heraus. Obwohl "Der Stürmer" nie ein offizielles Blatt der NS-Presse war, hing es ab 1933 in öffentlichen Schaukästen aus, den sogenannten "Stürmerkästen". Nur während der Olympischen Sommerspiele 1936 in Berlin durfte das Blatt nicht öffentlich an den Kiosken verkauft werden. Propagandaminister Joseph Goebbels fürchtete (zu Recht) um die Reputation des Deutschen Reiches im Ausland. Da Julius Streicher nicht nur ein übler Gauleiter, sondern offensichtlich auch ein schlauer Geschäftsmann war – sein Blatt hatte ihn zum Millionär gemacht –, brachte er bald auch antisemitische Kinder- und Jugendbücher in seinem Verlag heraus. Seine

„Die Judenfrage geht einer wunderbaren Lösung entgegen!"

Haus- und Hauptautoren waren die Lehrerin Elvira Bauer (von ihr stammt das 1936 erschienene infame Machwerk *"Trau keinem Fuchs auf grüner Heid. Und keinem Jud bei seinem Eid!"*) und der Hauptschriftleiter des "Stürmer" und ehemalige Lehrer Ernst Hiemer. Aus seiner Feder stammen die nicht minder infamen "Stürmerbücher" *"Der Giftpilz"* (1938), *"Der Pudelmopsdackelpinscher"* (1940) und *"Der Jude im Sprichwort der Völker"* (1942). Die in Nürnberg erscheinende "Fränkische Tagespost" setzte dem Verleger dieser Publikationen bereits 1935 ein Denkmal: *"Wenn man ... von Nürnberg und Franken spricht, dann wird man immer auch den Namen Julius Streicher nennen müssen. Dieser Name ist und bleibt für alle Zeiten mit Nürnberg ... verbunden."*

Passanten vor einem "Stürmerkasten"

14 Grübelbunker Außer dem für den Luftschutz genutzten unterirdischen > Bunkersystem unter dem Burgberg und den zu Bunkern umfunktionierten großen Stadtmauertürmen gab es in Nürnberg noch 16 Hochbunker, die heute zum Teil in Wohnhäuser umgebaut worden sind. Einige davon befinden sich in der Altstadt. Der bekannteste ist der so genannte Grübelbunker (Grübelstraße). Der 1942 fertiggestellte und in der Fassadengestaltung aufwändig dem Nürnberger Altstadtbild angepasste Hochbunker fasste mehr als 600 Menschen. Ende der 90er Jahre wurde er zum Wohnhaus umgebaut. → *Grübelstraße 30* Ⓤ *Rathenauplatz*

15 Alte Hauptsynagoge
Die Nürnberger Hauptsynagoge (erbaut 1874) wurde im Gegensatz zur kleineren > Synagoge an der Essenweinstraße nicht erst in der Reichsprogromnacht vom November 1938 zerstört, sondern bereits im August 1938 ganz offiziell abgebrochen. Grundlage für den Abriss war eine Verfügung *"über die Neugestaltung der Stadt der Reichsparteitage"*. Gleich die erste Anordnung, die nach dieser Verfügung zur *"Bereinigung des Bildes der eigentlichen Altstadt von stilwidrigen, störenden und anstößigen Bauwerken"* erging, richtete sich gegen das israelitische Gotteshaus. Dieser *"unerträgliche Fremdkörper"* sei die schlimmste Bausünde der vergangenen Jahrzehnte. Kurz vorher hatte das antisemitische Hetzblatt > "Der Stürmer" des fränkischen Gauleiters Julius Streicher im gleichen Tonfall geschrieben: *"Protzig, seelenlos und frech erhebt sich die Synagoge über dem Häusermeer des Schatzkästleins des Deutschen Reiches und der Stadt der Reichsparteitage. Inmitten der deutschesten Stadt aller Zeiten ein Stück Orientalismus, ein*

15 Synagogen-Gedenkstein (heute)

15 Blick auf die Kuppel der Hauptsynagoge (1900)

Stück in Stein gesetzte Schande". Heute erinnert ein Gedenkstein an der nahegelegenen Spitalbrücke an die offiziell angeordneten Zerstörung eines jüdischen Gotteshauses. → *Hans-Sachs-Platz, Spitalbrücke* Ⓤ *Lorenzkirche*

16 Verlagshaus und Redaktion "Der Stürmer"
Am 20. April 1923, Hitlers Geburtstag, gründete der spätere Gauleiter von Franken > Julius Streicher in Nürnberg die Zeitschrift "Der Stürmer". Das *"Deutsche Wochenblatt zum Kampf um die Wahrheit"*, wie es im Untertitel hieß, hatte sich zum Ziel gesetzt, in der Bevölkerung den Judenhass zu schüren. *"Die Juden sind unser Unglück!"*, ein Zitat des Historikers Heinrich von Treitschke aus dem Jahr 1879, stand fett in der Fußleiste der Titelseite. 1938 erreichte das antisemitische Hetzblatt mit fast einer halben Million Exemplare seine höchste Auflage. Besonders infam waren die "Stürmer"-Karikaturen, aus der Feder eines Philipp Rupprecht. Er hatte unter seinem Pseudonym "Fips" den Typus des geldgierigen und zumeist unrasierten "Stürmer-Juden" mit langer gebogener Nase und hervorstehenden Augen geschaffen. Die Redaktion des Blattes befand sich zuletzt im Haus Pfannenschmiedsgasse 19. Zeitweise sollen bis zu 300 Menschen für den "Stürmer" gearbeitet haben. Die letzte Ausgabe erschien am 1. Februar 1945. → *Pfannenschmiedsgasse 19* Ⓤ *Lorenzkirche*

17 Gasthaus "Blaue Traube"
Gegenüber der Redaktion des antisemitischen Hetzblattes > "Der Stürmer", genau auf der anderen Seite der Pfannenschmiedsgasse, befand sich das Traditionslokal der Nürnberger NS-Größen "Blaue Traube". Wirt der Gast-

16 Sortiment des "Stürmer"-Verlages, rechts: Zeichnung von "Fips"

14 Grübelbunker

18 Kaverne im Palmenhofbunker

18 Gestapo-Chef Benno Martin

18 Eingang des Palmenhofbunkers

18 Wandmalereien von Anno 1940 im Palmenhofbunker (heute)

stätte (und des im gleichen Haus betriebenen Hotels) war Georg Haberkern, ein alter Parteigenosse, der als NS-Gauinspekteur in Franken Karriere machte. Zu den Stammgästen des Lokals, in dem viele das inoffizielle Nürnberger Nazi-Hauptquartier sahen, gehörten > Karl Holz, Stellvertreter und treuester Gefolgsmann des "Frankenführers" > Julius Streicher (der selbst ebenfalls gelegentlich in der "Blauen Traube" einkehrte) und Oswald Rothaug, der 1942 als Vorsitzender Richter des Nürnberger Sondergerichts in dem "Rassenschande"-Prozess gegen den Vorsitzenden der israelitischen Kultusgemeinde Leo Katzenberger eine unrühmliche Rolle spielte. → *Pfannenschmiedsgasse 20* Ⓤ *Lorenzkirche*

18 Gestapo Leitstelle Nürnberg-Fürth, Palmenhofbunker / Polizeipräsidium Nürnberg Auf dem ehemaligen Gelände des Deutschen Ordens, auf dem Jahrhunderte lang die Juden Zuflucht gefunden hatten, baute man in der 2. Hälfte des 19. Jahrhunderts eine Ulanen-Kaserne, die sog. Deutschhaus-Kaserne, die nach dem 1. Weltkrieg zum Polizeipräsidium umfunktioniert wurde. Während der NS-Zeit wurden in diesem Gebäude zahlreiche Regime-Gegner gefangen gehalten und von der Gestapo gefoltert, bevor sie ins KZ Dachau abtransportiert wurden. Eine weitere unrühmliche Rolle spielte das Gebäude in den letzten Kriegstagen: Hier fanden am 20. April 1945 die letzten größeren Kampfhandlungen statt. Denn hier, in dem naheliegenden Palmenhofbunker, einem ehemalige Brauereikeller, hatte sich der

Karl Holz, Streichers Nachfolger als Gauleiter, hatte in den letzten Kriegstagen befohlen, Nürnberg bis zum Äußersten und ohne Rücksicht

kommissarische Gauleiter Karl Holz mit seinen Parteifunktionären verschanzt, um den letzten, sinnlosen Widerstand gegen die heranrückenden US-Truppen zu organisieren. Hausherr der Deutschhaus-Kaserne während der NS-Zeit war, als Präsident der Polizei Nürnberg-Fürth, seit Oktober 1934 Dr. jur. Benno Martin, General der Waffen-SS (seit 1941). Lange Zeit ein Günstling von Gauleiter Julius Streicher. Martin sorgte später maßgeblich dafür, dass der "Frankenführer" 1940 auf sein > Gut Pleikershof verbannt wurde. Danach war der ehrgeizige Polizeipräsident zusammen mit Karl Holz der einflussreichste und stärkste Mann in Nürnbergs Nazi-Clique.

Der nicht öffentlich zugängliche Palmenhofbunker steht heute unter Denkmalschutz. In den weitläufigen Kavernen und Gängen befinden sich noch zahlreiche, gut erhaltene offizielle Beschriftungen und Wandmalereien aus der NS-Zeit. → *Jakobsplatz 5* Ⓤ *Weißer Turm*

"Ich werde in dieser deutschesten aller Städte bleiben, kämpfen und fallen. Die nationalsozialistische Idee wird siegen ..."
(Karl Holz, Gauleiter von Franken, am 20. April 1945 in einem Funkspruch an Adolf Hitler in Berlin)

auf die Zivilbevölkerung zu verteidigen. Am 20. April 1945, als US-Truppen bereits die Altstadt eingenommen hatten, starb Holz im Palmenhofbunker durch einen bis heute nicht aufgeklärten Kopfschuss.

19 Ruine der Katharinenkirche St. Katharinen (geweiht 1297) ist heute nur noch Ruine, ein stummer Zeuge der Zerstörung des 2. Weltkriegs. Die Kirche eines teilweise abgerissenen Dominikanerinnen-Klosters diente im Laufe der Jahrhunderte den verschiedensten Zwecken. Von 1620 bis Ende des 18. Jahrhunderts agierten hier die Singschulen der Nürnberger Meistersinger. (Daher spielt hier auch der erste Akt von Wagners gleichnamiger Oper.) Seit dem schwersten Luftangriff auf Nürnberg am 2. Januar 1945 nahezu komplett zerstört, ist die Ruine heute gelegentlich noch Veranstaltungsort für Freiluft-Konzerte.

Eine besondere Rolle spielte die "Meistersingerkirche" im Nationalsozialismus: als vorübergehende Aufbewahrungsstätte der nach dem "Anschluss" Österreichs 1938 von Adolf Hitler aus Wien, der letzten Hauptstadt des 1806 untergegangenen Heiligen Römischen Reiches Deutscher Nation, ins "Dritte Reich" überführten Reichskleinodien. Kaiser Sigismund (1368–1437) hatte den Reichsschatz 1423 aus Angst vor den Hussiten gegen 1000 Mark Silber der Stadt Nürnberg "für alle Zeiten" in Obhut gegeben. Die Reichsinsignien waren aber nur bis 1796 in der Noris (Nürnberg) geblieben, dann hatte man sie zum Schutz vor Napoleons Truppen nach Wien gebracht. Mit ihrer "Heimholung" aus der Stadt der Habsburger in die "Stadt der Reichsparteitage" wollte Hitler nach eigenen Worten der Welt vor Augen führen, dass lange vor Entdeckung der Neuen Welt *"schon ein gewaltiges germanisch-deutsches Reich bestanden"* habe. → *Am Katharinenkloster 6* Ⓤ *Lorenzkirche*

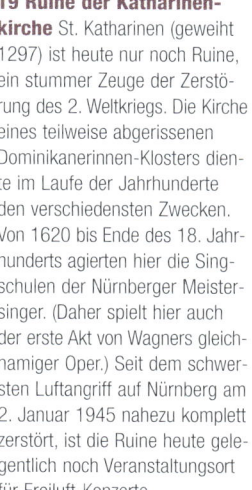
19 Ruine der Katharinenkirche

19 Karl der Große mit Kaiserkrone

19 GI mit Kopie der Kaiserkrone

18 Verbindungsgang im Bunker

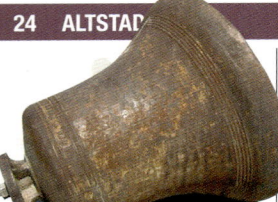

"Nürnberg von der 7. Armee eingenommen" *titelte die "Stars and Stripes" nach dem 20. April 1945. Heute trägt die einstige "Stadt der Reichsparteitage" den Beinamen "Stadt des Friedens und der Menschenrechte". Ein Mahnmal gegen die Schrecken des Krieges ist die > Ruine der Katharinenkirche. Dazu gehört eine der herabgestürzten Glocken am Ostchor.*

Das Ende der Altstadt im Bombenhagel

20 Hochbunker im Spittlertor-Turm Der Spittlertorturm (errichtete um 1385) hat seinen Namen von dem damals nahegelegenen Spital St. Elisabeth. Er ist einer der 4 vormals eckigen Tortürme der mittelalterlichen Stadtbefestigung, die in der Mitte des 16. Jahrhunderts durch massive Mauermäntel "gerundet" und mit einer Gefechtsplattform versehen wurden, um so besser Artilleriewaffen trotzen zu können. Mit Erfolg: Die Stadt wurde, so lange sie verteidigt wurde, niemals eingenommen, die vier "dicken Türme" wurden zum Wahrzeichen der Stadt. Im "Dritten Reich" wurde auch der Spittlertorturm zum Luftschutzbunker umfunktioniert (Fassungsvermögen ca. 450 Personen). Er überstand die schweren Bombenangriffe des 2. Weltkriegs fast unbeschadet. Nach dem Krieg diente der "dicke Turm" u.a. zur "Überwachung" des nahegelegenen Rotlichtviertels. Heute beherbergt er die Bibliothek und das Archiv des > Garnisonsmuseums.
→ *Ludwigstraße 2* ⏲ *Nur zu besonderen Anlässen* Ⓤ *Plärrer*

21 Germanisches Nationalmuseum Das 1852 gegründete Germanische Nationalmuseum sollte nach dem Willen seines Gründers, des Freiherrn von und zu Aufsess, *"ein wohlgeordnetes Generalrepertorium über das ganze Quellenmaterial für die deutsche Geschichte, Literatur und Kunst, vorläufig von der ältesten Zeit bis zum Jahr 1650, herstellen"*. Das Museum befindet sich seit 1857 in einem ehemaligen Kartäuserkloster und

THE STARS AND STRIPES
Nurnberg Taken by 7th Army
Foe Reports Reds 7 Miles From Berlin
British Near Hamburg; French Gain
Ruhr Battle Full Success, Ike Asserts
8th Captures Heavies Rip A Road Hub Berlin Area
'My Day' Resumed
Isle Seized Near Borneo
Ernie Pyle To Be Buried Among His Friends – the GIs

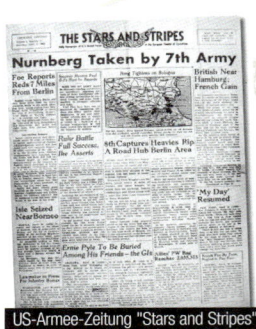

US-Armee-Zeitung "Stars and Stripes"

wurde ständig erweitert, zuletzt 1993 durch einen postmodernen Neubau (inkl. "Straße der Menschenrechte" von Dani Karavan). Die Nürnberger Sammlung gilt mit ihren 1,3 Millionen Objekten heute als eines der weltweit größten Museen für Kunst und Kulturgeschichte. Der Sammlungsschwerpunkt liegt bei Ge-

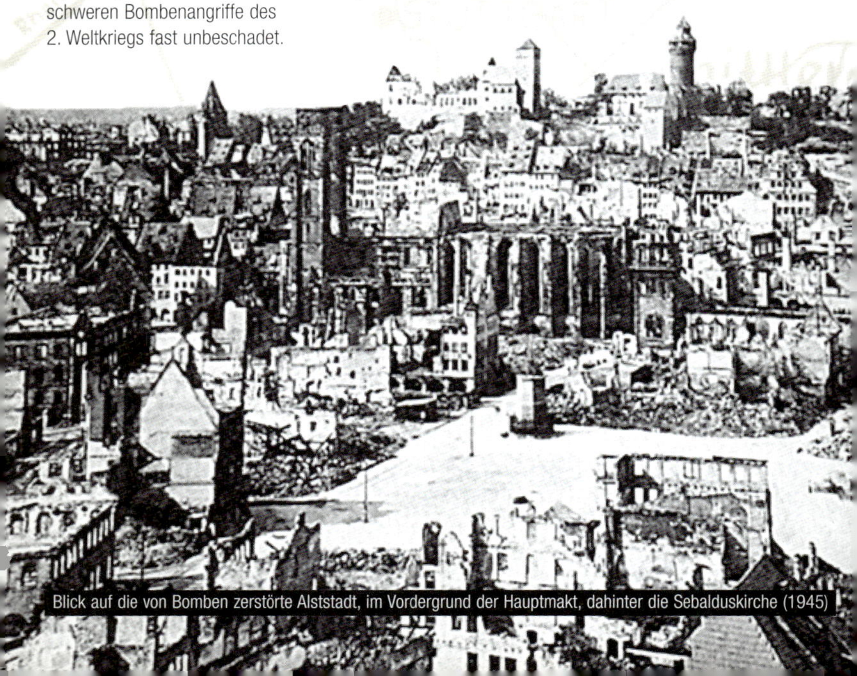

Blick auf die von Bomben zerstörte Alststadt, im Vordergrund der Hauptmakt, dahinter die Sebalduskirche (1945)

mälden, Skulpturen, Kunsthandwerk, Möbeln und Spielzeug sowie bei historischen Instrumenten. Während des "Dritten Reiches" versuchte das Regime, das Museum zu einem Identifikationspunkt der NS-Ideologie zu machen. Doch der Museumsleitung gelang es, sich diesen Bestrebungen weitgehend zu entziehen. Was u.a. dazu führte, dass Adolf Hitler die *"deutsche Nationalanstalt"* nie besucht hat. Sein designierter Nachfolger Hermann Göring kam hier postmortal zu Museumsehren. 1941 hatte der beleibte Reichsmarschall den bei einem französischen Kunsthändler "günstig" erstandenen mittelalterlichen Kreuzgang eines Zisterzienser-Klosters von Frankreich nach Franken transportieren lassen. Er wollte ihn in seiner > Burg Veldenstein einbauen lassen. Seit 1973 lagerte das Gemäuer im Keller des Germanischen Nationalmuseums. Erst 2003 erfolgte der Rücktransport des Beutekunstwerkes nach Frankreich. → *Kartäusergasse 1*
⊙ *Di–So 10–18, Mi 11–21 Uhr*
Ⓤ *Opernhaus*

Der Bombenkrieg in Nürnberg

Der 2. Januar 1945

Nürnberg war eine der meist bombardierten deutschen Städte im 2. Weltkrieg. Bei den 44 Luftangriffen, die die Alliierten in den Jahren 1943-45 gegen Nürnberg flogen, wurden 50 Prozent aller Gebäude der Stadt zerstört. Am schwersten

Spittlertor-Turm und Altstadt mit der Reichsburg (1890)

traf es die Altstadt, wo nur wenige Gebäude die Angriffe der alliierten Bomberstaffeln überstanden. Vor allem der 2. Januar 1945 ist im Gedenken der Bürger zu einem feststehenden Begriff geworden. Mit ihm verbindet sich die Erinnerung an den Untergang des alten Nürnberg. In 53 Minuten luden 521 Bomber der britischen Royal Air Force rund 100 Luftminen, 6.000 Sprengbomben und eine Million Stabbrandbomben über der Stadt ab und entfachten damit einen Flächenbrand in der eng bebauten Altstadt. Über 1.800 Tote und 100.000 Obdachlose waren zu beklagen. Es war die größte Katastrophe in der 900jährigen Stadtgeschichte.

SA-Männer in der Nürnberg auf dem Weg zum Apell während der Reichsparteitage

Innenstadt

Die Nürnberger Innenstadt – dazu gehört alles, was außerhalb der alten Stadtmauern liegt und noch nicht zur Peripherie zählt – war nach Entnazifizierungs-Kriterien mit Sicherheit als "schwer belastet" einzustufen, wesentlich mehr noch als die Altstadt, die hauptsächlich als Kulisse und Aufmarschgelände diente. Vor allem in der Gegend um den Hauptbahnhof befanden sich mit dem "Gauhaus von Franken" am Marienplatz, dem "Hitler-Haus" als Sitz der örtlichen Parteileitung in der Marienstraße und der Villa Julius Streichers an der Äußeren Cramer-Klett-Straße die wichtigsten Bauten der NSDAP und ihrer lokalen Repräsentanten.

Hier grüßte Adolf Hitler vom Fenster seines Lieblingshotels Deutscher Hof aus gnädig das Volk, hier lauschte er von der "Führerloge" im Opernhaus aus den Wagner-Klängen seiner geliebten "Meistersinger".

Hier residierte während der Reichsparteitage die Partei-Prominenz im Grand Hotel, die Ehrengäste im Gästehaus der NSDAP, die Diplomaten im Nebenhaus des Hotels "Deutscher Hof" und die Vertreter der NS-Presse im Hotel Fränkischer Hof. Hier, nämlich im Festsaal des Nürnberger Kulturvereins, wurden 1935 die "Nürnberger Rassegesetze" erlassen. Hier, nämlich im Justizpalast an der Fürther Straße, wurde nach 1945 mit den "Nürnberger Prozessen" ein juristischer Schlussstrich unter 12 Jahre nationalsozialistische Diktatur gezogen.

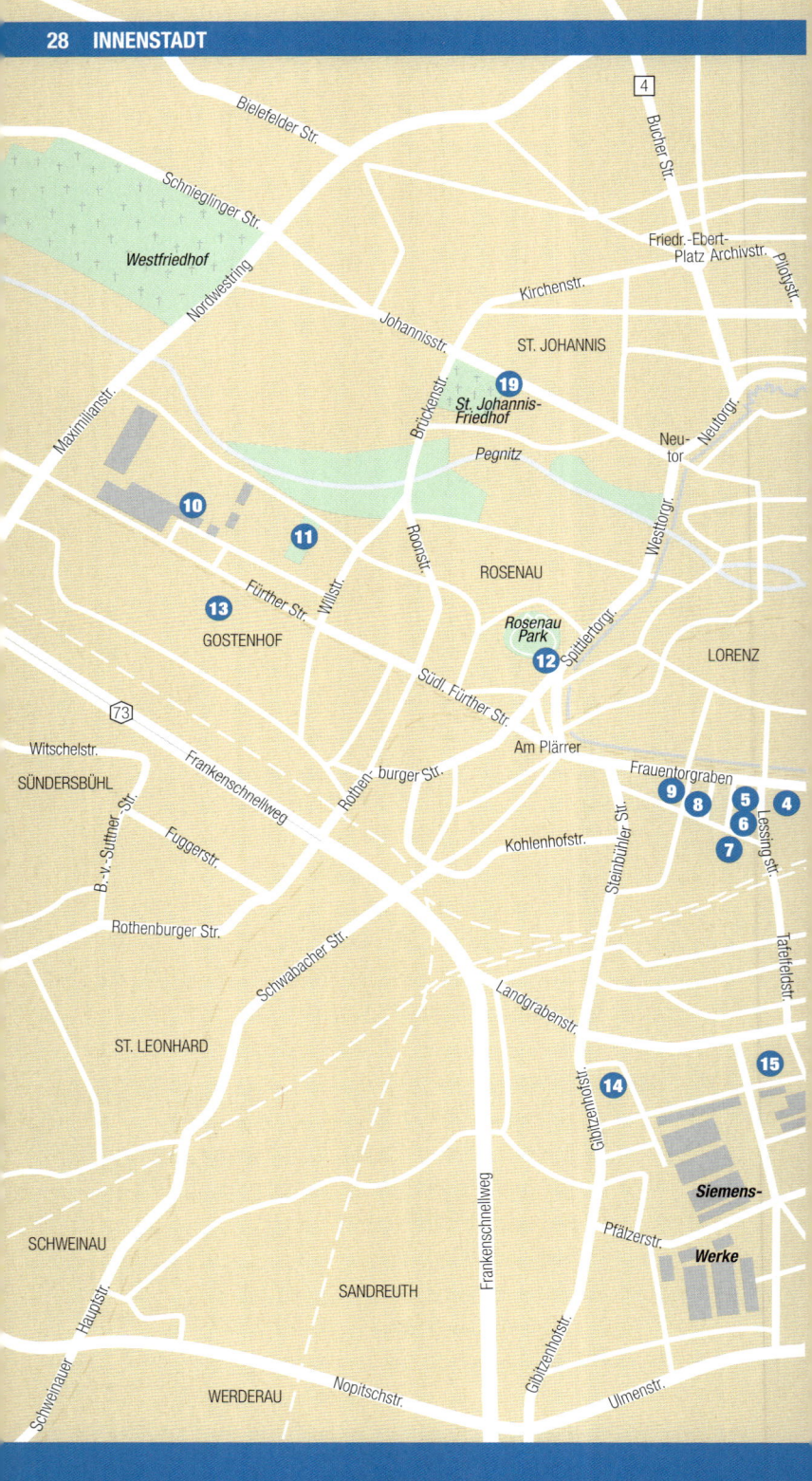

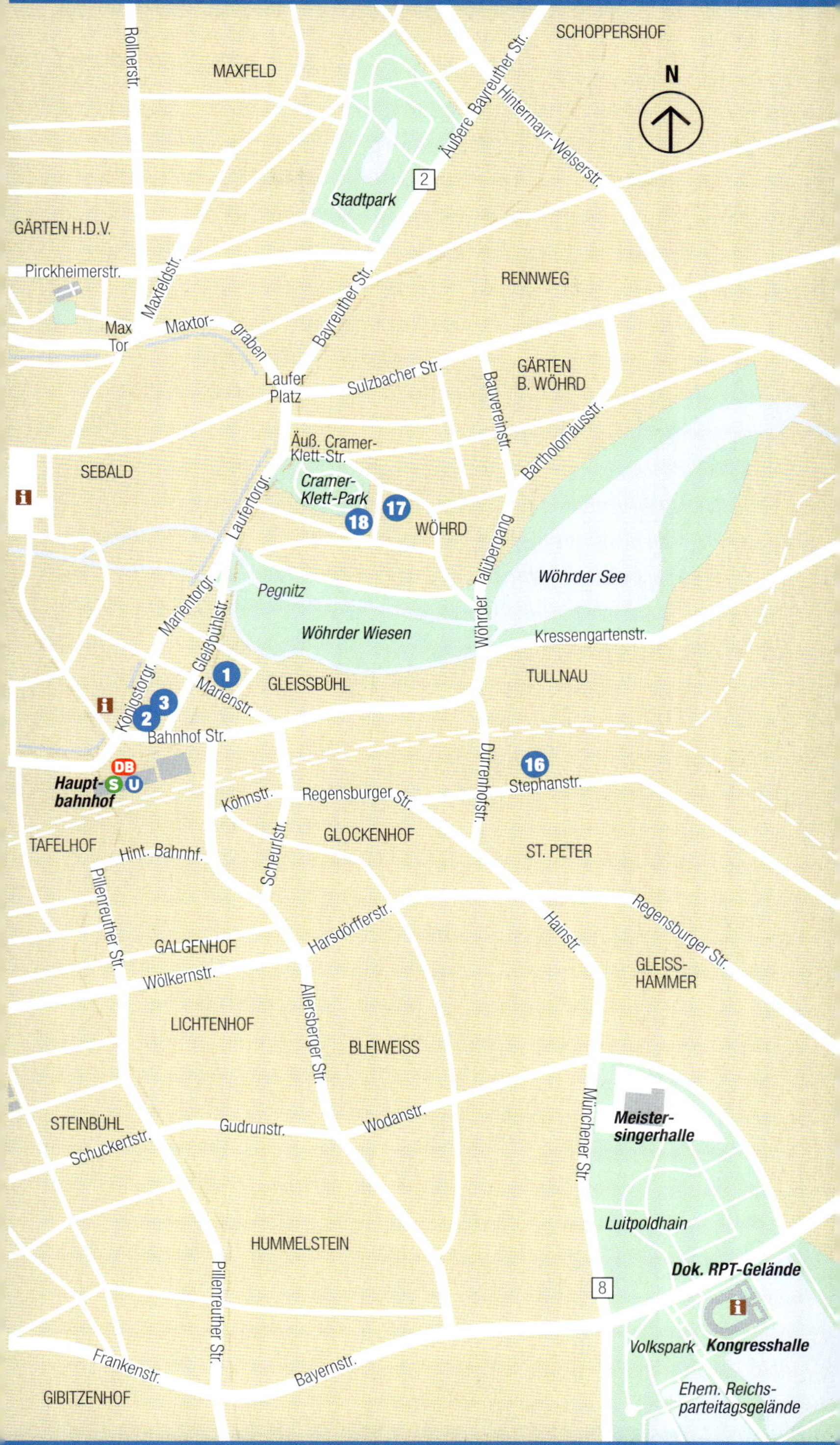

INNENSTADT 29

N

SCHOPPERSHOF
MAXFELD
Stadtpark
GÄRTEN H.D.V.
Pirckheimerstr.
Rollnerstr.
Maxfeldstr.
Äußere Bayreuther Str.
Hintermayr-Weiserstr.
Max Tor
Maxtor-graben
Bayreuther Str.
RENNWEG
Laufer Platz
Sulzbacher Str.
GÄRTEN B. WÖHRD
Bauvereinstr.
Äuß. Cramer-Klett-Str.
SEBALD
Laufertorgr.
Cramer-Klett-Park
❶⓼ ❶⓻ WÖHRD
Bartholomäusstr.
Marientorgr.
Gleißbühlstr.
Pegnitz
Wöhrder Wiesen
Wöhrder Tatübergang
Wöhrder See
GLEISSBÜHL
Kressengartenstr.
TULLNAU
Königstorgr.
❶
❸
❷
Marienstr.
Bahnhof Str.
Haupt-bahnhof DB Ⓢ Ⓤ
Köhnstr.
Regensburger Str.
Dürrenhofstr.
Stephanstr. ❶⓺
TAFELHOF
Hint. Bahnhf.
Pillenreuther Str.
GALGENHOF
Wölkernstr.
Scheurlstr.
GLOCKENHOF
Harsdörfferstr.
ST. PETER
Hainstr.
Regensburger Str.
GLEISS-HAMMER
LICHTENHOF
Allersberger Str.
BLEIWEISS
STEINBÜHL
Schuckertstr.
Gudrunstr.
Wodanstr.
Münchener Str.
Meister-singerhalle
HUMMELSTEIN
Luitpoldhain
Dok. RPT-Gelände
Frankenstr.
Pillenreuther Str.
Bayernstr.
⑧
Volkspark **Kongresshalle**
GIBITZENHOF
Ehem. Reichs-parteitagsgelände

Dr. Joseph E. Drexel (1896-1976) wurde 1937 als Mitglied der Nürnberger Widerstandsgruppe um Ernst Niekisch von der Gestapo verhaftet und vom Volksgerichtshof wegen Vorbereitung zum Hochverrat zu 3 1/2 Jahren Zuchthaus verurteilt. Aus dem > KZ Flossenbürg wurde er Ende 1944 auf Intervention des Nürnberger Gestapo-Chefs Dr. Martin entlassen. 1945 erhielt der gelernte Volkswirt Drexel von der US-Militärregierung die Lizenz (und das Papier) für die Herausgabe der "Nürnberger Nachrichten", bis heute Frankens bedeutendste Zeitung.

1 Gauhaus Franken (1937), rechts: Gästebuch des Hauses

Das Gauhaus von Franken

1 Gauhaus Franken / Verlagshaus Nürnberger Presse Obwohl der fränkische Gauleiter der NSDAP > Julius Streicher nach 1933 weder ein staatliches noch ein städtisches Amt innehatte, schenkte ihm die Stadt Nürnberg zum 50. Geburtstag 1935 ein wertvolles Grundstück in bester Lage, am Marienplatz (den die Nationalsozialisten in Schlageter-Platz umbenannt hatten und der heute Willy-Brandt-Platz heißt), in unmittelbarer Nachbarschaft zum "Adolf-Hitler-Haus", dem Sitz der örtlichen Parteileitung der NSDAP. Auf diesem Grundstück, auf dem vorher die Villa eines jüdischen Hopfenhändlers gestanden hatte, baute Franz Ruff, der Sohn des Architekten der > Kongresshalle Ludwig Ruff, für Streicher und seine Clique in den folgenden zwei Jahren ein repräsentatives zweistöckiges Gebäude, dessen "Schlichtheit" und "Wehrhaftigkeit" die NS-Anhänger rühmten. Die Frontfassade zierte ein großer Reichsadler, das erhaltene Relief an der Hoffassade (von Bildhauer: Prof. Wilhelm Nida-Rümelin) zeigt den Kampf des Herkules mit der Lernäischen Hydra. Das symbolträchtige Motiv aus der griechischen Mythologie sollte für den Kampf der NSDAP

Julius Streicher, Gauleiter von Franken, verstand es wie viele seiner Parteigenossen, den im Volk geschürten Antisemitismus in bare Münze zu verwandeln. Die Millionenauflagen seines Hetzblattes "Der Stürmer" bescherten Streicher ein Millionenvermögen.

gegen Weimarer Republik und Judentum stehen und ist eines der wenigen erhaltenen Beispiele nationalsozialistisch beeinflusster Plastik.

Heute ist das Gebäude Sitz der Zentrale des Verlags Nürnberger Presse, in dem unter anderem die "Nürnberger Nachrichten" erscheinen, eine der vielleicht größten und besten Regionalzeitungen der Bundesrepublik. Ihr Mitbegründer Dr. Joseph E. Drexel (1896–1976) hatte als Widerstandskämpfer gegen das NS-Regime die KZ-Haft überlebt und war 1945 für seinen Mut von der amerikanischen Militärregierung mit einer der ersten deutschen Zeitungslizenzen der Nachkriegszeit bedacht worden. → *Marienplatz 5* Ⓤ *Wöhrder Wiese*

2 Grand Hotel, Gästehaus der NSDAP

Das 1895/ 96 errichtete Grand Hotel war die bevorzugte Adresse der Partei-Prominenz während der Parteitage. (Adolf Hitler selbst zog das > Hotel Deutscher Hof vor.) Nach dem Krieg logierten dort während der > Nürnberger Prozesse prominente Juristen, Zeugen, Dolmetscher und Prozessbeobachter, darunter der russische Schriftsteller Ilja Ehrenburg, der französische Schriftsteller Louis Aragon und der deutsche Schriftsteller Wolfgang Hildesheimer.

Seit 1996 gehört das Grand Hotel zur internationalen Hotel-Kette Le Méridien.

Direkt neben das Grand Hotel hatte die NSDAP 1935/36 innerhalb von sieben Monaten ein weiteres Großhotel in Bahnhofsnähe hochgezogen, als weiteres Domizil für die Ehrengäste der Reichsparteitage. Nach dem Krieg war es die US-Army, die in dem – zum American Bavarian Hotel umgetauften – Gebäude ihre Gäste unterbrachte. Außerdem beherbergte das Haus die Nürnberger Studios des – auch bei der deutschen Jugend sehr beliebten – amerikanischen Soldatensenders AFN (American Forces Network).

Auf der Rückseite des Gebäudes sind an den Mauern noch immer deutsch-englische Beschriftungen lesbar. → *Bahnhofstraße 1–3, Bahnhofsplatz 3* Ⓤ *Hauptbahnhof*

3 Hotel Fränkischer Hof, Hotel der NS-Presse / Arabella Sheraton Hotel

Ein weiteres NS-Großhotel in unmittelbarer Bahnhofsnähe war der Fränkische Hof. Das 1939 gebaute Haus diente während der Parteitage der NS-Presse als Quartier. Im 2. Weltkrieg wurde das Gebäude schwer beschädigt, nach dem Krieg wieder aufgebaut und unter dem Namen Carlton weiter als Hotel betrieben. In den 90er Jahren wurde das Haus abgerissen und 2001 durch das heutige Hotel ersetzt. An die NS-Zeiten erinnern vier Original-Wappen, die sich an der Außenfassade befinden.

→ *Eilgutstraße 13–15* Ⓤ *Hauptbahnhof*

1 Relief am einstigen Gauhaus

2 Amerikanische Beschriftungen

1 Sitz der "Nürnberger Nachrichten"

3 Reichsadler mit Hakenkreuzresten

Das Grand Hotel 1947 während der > Nürnberger Prozesse unter US-Flagge: Noch immer sind die Fenster teilweise zugemauert.

INNENSTADT

6 ICE- und "Adler"-Zug im DB-Museum

6 Von Brest bis Baku: geplanter Streckenverlauf der Breitspurbahn (1943)

6 Geplanter Speisesaal der Breitspurbahn

6 Ausstellungsraum im DB-Museum

4 Opernhaus Hinter der neobarocken Fassade des 1901–05 errichteten Opernhauses verbarg sich Deutschlands schönstes Jugendstil-Theater. Den Nationalsozialisten war das floralverspielte Interieur nicht wuchtig genug. Also machten sie sich 1935 sofort an den Umbau. Ohne verspielte Jugendstil-Elemente, dafür mit ausladender "Führerloge" in der Mitte des 1. Rangs sollte das Haus zu einer *"festlichen Stätte deutscher Bühnenkunst"* werden, spielte es doch eine wichtige Rolle im Ritual der > Reichsparteitage: Hier fand am Abend des Eröffnungstages in Anwesenheit des "Führers" eine Festaufführung von Wagners "Meistersingern" statt. Nach 1945 diente das im Krieg schwer beschädigte Gebäude den US-Besatzern jahrelang als Spielstätte für Shows, Kino und Konzerte, z. B. mit der Jazz-Legende Dave Brubeck, der hier 1945 mit seiner "Wolf Pack Jazz Band" die Truppen betreute. Im Foyer residierte der *Stork Club*, ein beliebter Treff der GI's und ihrer Girls. Erst 1956 kehrte das Haus zu seiner ursprünglichen Bestimmung als Musiktheater zurück. → *Richard-Wagner Platz 2–10* Ⓤ *Opernhaus*

5 Hotel Deutscher Hof
Bereits in den 20er Jahren hatte Adolf Hitler das Haus am Frauentorgraben (Baujahr 1913), das dem Nürnberger Lehrerverein gehörte und zuerst ein Lehrerheim war, zu seinem Stammquartier erkoren. 1936 zwang man den Lehrerverein, das Gebäude an die NSDAP zu verkaufen. Ein Jahr später wurde das Nachbargebäude, das den > Siemens-Schuckert-Werken gehörte, in den Hotel-Komplex mit einbezogen (Architekt Franz Ruff). Dort sollten vornehmlich die zu den Parteitagen eingeladenen Diplomaten untergebracht werden. Überhaupt war das Hotel ab 1934 ein fester Be-

standteil des alljährlichen Rituals der > Reichsparteitage: Hier endete der offizielle Auftakt, der Einzug des "Führers" in die Stadt. Hier nahm Hitler am Morgen des 2. Tages auf dem Balkon (der sich über dem Eingang des Anbaus befand) die Parade der Hitler-Jugend ab, die ihre Fahnen auf einem wochenlangen Sternmarsch aus allen Teilen Deutschlands nach Nürnberg getragen hatte. Hier ließ sich Hitler von der jubelnden Bevölkerung abends ans Hotelfenster bitten. *("Lieber Führer sei so nett, zeig Dich doch am Fensterbrett!")*.

Das 1944 fast völlig zerstörte Hotel wurde nach dem Krieg verändert wieder aufgebaut, 1949 neu eröffnet und 2005 geschlossen. Das Gebäude steht momentan leer. → *Frauentorgraben Ecke Weidenkellerstraße* Ⓤ *Opernhaus*

6 DB-Museum Der Vorläufer des heutigen Museums wurde 1899 als "Königlich-Bayerisches Verkehrsmuseum" am Marientor eröffnet, 1902 kam ein Postmuseum hinzu. Das Nürnberger Eisenbahnmuseum ist damit das älteste seiner Art in Deutschland (und eines der ältesten Technik-Museen in Europa). Eine grundlegende Neugestaltung erfuhr es 1985 im Zusammenhang mit der 150-Jahr-Feier der ersten deutschen Eisenbahn von Nürnberg nach Fürth.

Die Rolle der Deutschen Reichsbahn bei der Verbringung von Millionen Menschen in die Vernichtungslager blieb bei dieser Neugestaltung thematisch weitgehend ausgespart.

Erst in den Folgejahren, hat man auch die unselige Rolle der Reichsbahn als Instrument des "Totalen Krieges" und logistisches Rückgrat des Holocausts museumsdidaktisch aufbereitet. Heute ist das ehemalige Verkehrsmuseum ein Firmenmuseum der Deutschen Bahn AG

"Nürnberg – die deutscheste aller deutschen Städte"

Hitler und sein Mustergau

Mit Franken, speziell mit dem mittelalterlich anmutenden Nürnberg und dem nahen Bayreuth, fühlte sich der am 20. April 1889 im österreichischen Braunau geborene Deutschland-Bewunderer, Wagner-Verehrer, Opern-Liebhaber Adolf Hitler zeitlebens eng verbunden, spätestens seitdem er in Wien mit 17 Jahren zum ersten Mal die Wagner-Oper "Rienzi" erlebt hatte, die quasi zum Lehrstück für seine spätere Politik werden sollte. Seit diesem Opernbesuch fühlte er sich, ähnlich wie jener Volkstribun Rienzi im mittelalterlichen Rom, dazu berufen, das Volk zu befreien und das Reich zu neuer Größe zu führen. Vielleicht noch mehr als "Rienzi" liebte er später eine andere Oper seines "Lebenslotsen" Richard Wagner: "Die Meistersinger von Nürnberg", die er hundertmal gesehen haben will. So wie "Die Meistersinger" für ihn die *"eigentliche deutsche Volksoper"* waren (und Richard Wagner "der deutscheste Mensch"), so war Nürnberg für ihn *"die deutscheste aller deutschen Städte"* – und damit der ideale Veranstaltungsort für seine alljährlichen > Reichsparteitage. Dass Hitler sich in Franken so besonders wohl fühlte, hatte nicht zuletzt mit dem Judenhasser und "Frankenführer" Julius Streicher zu tun, Hitlers altem Kumpan aus der Münchner Kampfzeit. Der hatte es schon vor 1933 als Gauleiter verstanden, Nürnberg zur "Tempelstadt der Bewegung" und Franken zum NS-Mustergau auf- und auszubauen – und damit Hitler einen *"Brückenkopf"* zu schaffen *"zur Eroberung des ganzen Reiches"* (Egon Fein in "Hitlers Weg nach Nürnberg").

5 Hitler im Hotel Deutscher Hof

5 Polizei marschiert vor dem "Deutschen Hof" an Hitler vorüber (um 1936)

6 Reichsbahnzug im DB-Museum

7 Ehem. Reichsbahndirektion

8 Ausgebrannter Synagogenraum

8 Denkmal in der Essenweinstraße

(DB-Museum) und bietet vor allem spannende Einblicke in die Bahngeschichte.
Eine der interessantesten bahngeschichtlichen Sehenswürdigkeiten ist die im "Dritten Reich" geplante Breitspurbahn, eines jener – heute so gut wie vergessenen – Lieblings-Objekte des größenwahnsinnigen Adolf Hitler, der damit den deutschen Anspruch auf Weltherrschaft dokumentieren wollte. Die neue Groß(deutsche)-Eisenbahn sollte eine maximale Achslast von 30 Tonnen und eine Spurbreite von 3000 mm haben, also mehr als die doppelte Breite der heute noch gültigen mitteleuropäischen Normalspurweite von 1435 mm. Sie sollte zusätzlich zur Regelspurbahn laufen und die Städte Berlin, München, Hamburg und Linz miteinander verbinden und dabei auch in Nürnberg Halt machen. Außerdem sollte mit ihr das später das noch zu erbauende großeuropäische Imperium erschlossen werden. Obwohl Hitler bis zum Kriegsende an diesem Monumentalprojekt arbeiten ließ, kam es über das Planungsstadium und erste Trassen-Vermessungen nicht hinaus. → Lessingstraße 6 ⏰ Di–So 9–17 Uhr Ⓤ Opernhaus

7 Reichsbahndirektion / Bahnhofsverwaltung Wie andere Organisationen so wurde auch die Deutsche Reichsbahn von den Nationalsozialisten gleichgeschaltet und für ihre Zwecke missbraucht: erst für Truppen- und Materialtransporte an die Front, später für den Transport von Kriegsgefangenen in die Zwangsarbeiterlager, schließlich für die Deportation der Juden in die Vernichtungslager. Zu den wichtigsten Aufgaben der Nürnberger Reichsbahndirektion gehörte die logistische Bewältigung der Massentransporte während der Reichsparteitage. Das 1938 entstandene Gebäude wurde zwar im Krieg beschädigt, später aber wieder aufgebaut. Der Reichsadler über dem Eingangsportal blieb erhalten. Heute befindet sich in dem Gebäude die Bahnhofsverwaltung. → Am Sand 34 Ⓤ Opernhaus

8 Synagoge Essenweinstraße Im Jahr 1874 hatte sich die Israelitische Kultusgemeinde am Hans-Sachs-Platz ihre große > Hauptsynagoge gebaut. Da die jüdische Gemeinde – vor allem durch Zuzug aus den jüdischen Landgemeinden – sehr rasch wuchs, wurde 1902 an der Essenweinstraße eine weitere Synagoge eingeweiht.
Die "Gründer-Jahre" waren wohl die glücklichste Zeit für die Juden in Franken. Obwohl ihr Anteil an der Gesamtbevölkerung nie mehr als drei Prozent betrug, waren sie damals maßgeblich am wirtschaftlichen Aufstieg der Stadt beteiligt. Jüdische Unternehmer wie Carl Marschütz (Hercules-Werke) bauten einen Großteil der weltberühmten Nürnberger Zweiradindustrie auf (auch Victoria, Triumph, Mars und > ARDIE waren jüdische Firmen), jüdische Unternehmer wie die Gebrüder Ignaz und Adolf Bing (Nürnberger Metallwarenfabrik) betrieben um die Jahrhundertwende die weltweit führende Spielwarenfabrik, jüdische Unternehmer wie die Gebrüder Hermann und Julius Tietz grün-

deten 1886 das erste Kaufhaus in Nordbayern, und vor allem jüdische Hopfenhändler waren es, die Nürnberg damals zum weltweit führenden Hopfenhandelsplatz gemacht hatten. Zum Dank dafür wurden die jüdischen Mitbürger nach 1933 diskriminiert, verfolgt, ausgebürgert, deportiert und vielfach ermordet: Über ein Fünftel der ursprünglich 10.000 Nürnberger Juden wurden Opfer der Shoa, nur 76 erlebten das Kriegsende in der Stadt. Ihre Gotteshäuser wurden ganz offiziell abgerissen oder in der Reichsprogromnacht von SA-Horden mit Billigung der Staatsmacht zerstört (wie die Synagoge an der Essenweinstraße im November 1938). Erst 1984 wurde in Nürnberg wieder eine neue Synagoge eingeweiht (an der Johann-Priem-Straße 21). Inzwischen hat die israelitische Kultusgemeinde der Stadt durch Zuwanderung wieder 1.150 Mitglieder. In der Essenweinstraße erinnert ein Denkmal an die von den Nazis in Brand gesteckte Synagoge. → *Essenweinstraße* Ⓤ *Opernhaus*

9 Gesellschaftshaus des Industrie- und Kulturvereins / Direktion der AOK-Mittelfranken Am Frauentorgraben 49 stand bis zu seiner Zerstörung im 2. Weltkrieg das Gesellschaftshaus des Industrie- und Kulturvereins, kurz *Der Kulturverein* genannt. (Heute befindet sich dort das Verwaltungsgebäude der AOK Mittelfranken.) Im großen Festsaal dieses prächtigen Jugendstil-Gebäudes (Baujahr 1905) fand während des Reichsparteitages von 1935 eine kurzfristig einberufene Sondersitzung des Reichstags statt, auf der die berüchtigten > "Nürnberger Rassegesetze" beschlossen wurden. Zwei große Metall-Stelen informieren heute über die Geschichte des Gebäudes. → *Frauentorgraben 49* Ⓤ *Opernhaus*

Gesellschaftshaus des Industrie- und Kulturvereins

Die "Nürnberger Gesetze"

"Durchdrungen von der Erkenntnis, daß die Reinheit des deutschen Blutes die Voraussetzung für den Fortbestand des deutschen Volkes ist, und beseelt von dem unbeugsamen Willen, die deutsche Nation für alle Zukunft zu sichern, hat der Reichstag einstimmig das folgende Gesetz beschlossen..." (Aus dem Vorwort des "Blutschutzgesetzes")

Im September des Jahres 1935 fand im Gesellschaftshaus des Industrie- und Kulturvereins am Frauentorgraben eine denkwürdige Sondersitzung des Reichstags statt.

9 Reichstagssitzung im Kulturverein

Das Scheinparlament, in dem nur noch Nationalsozialisten in Uniform saßen, beschloss zwei Gesetze, die unter dem Namen "Nürnberger Gesetze" traurige Berühmtheit erlangten: das "Reichsbürgergesetz" und das "Gesetz zum Schutz des deutschen Blutes und der deutschen Ehre", kurz "Blutschutzgesetz" genannt. Das erste sah vor, dass Juden auch rechtlich nur noch Staatsbürger zweiter Klasse sein sollten. (Tatsächlich waren sie es schon seit fast drei Jahren.) Das zweite stellte Eheschließungen und sexuelle Beziehungen zwischen Juden und Angehörigen deutschen oder artverwandten Blutes, den so genannten Ariern, als "Rassenschande" unter Strafe. Die Beschäftigung "deutscher Frauen" unter 45 Jahren in jüdischen Haushalten wurde verboten. Bis Ende 1940 wurden in Deutschland 1911 Menschen wegen "Rassenschande" verurteilt, in der Regel zu unterschiedlich langen Gefängnisstrafen. Dem Nürnberger Sondergericht unter seinem Vorsitzenden Oswald Rothaug, genannt "der Scharfrichter", war das offenbar noch zu milde. Für Rothaug (1897–1967), einen fanatischen Nationalsozialisten und häufigen Gast im Traditionslokal der Nürnberger NS-Größen >"Blaue Traube", war es sozusagen Blutehrensache, die "Nürnberger Gesetze" mit äußerster Schärfe anzuwenden.

9 Gesellschaftshaus des Industrie- und Kulturvereins

Hermann Göring nahm zwei Stunden vor seiner Hinrichtung eine tödliche Zyankali-Kapsel: "In seinem Mund fanden wir Glassplitter von der zerbrochenen Kapsel. Und er hinterließ uns eine sarkastische Notiz, in der stand: Selbst wenn ihr die Kapsel rechtzeitig gefunden hättet, wäre da eine weitere Kapsel in der Dose mit meiner Hautcreme gewesen. Und tatsächlich: Wir holten die Creme und darin war noch eine Kapsel." John Lattimer, US-Arzt im Gefängnis des Justizpalastes.

10 Gefängnis des Justizpalastes, rechts: Göring in seiner Zelle

Der Justizpalast

10 Justizpalast "Im Herbst und Winter 1945/46 war Nürnberg ein Zentrum der Welt" (Robert Kempner, Ankläger einer Epoche). Der Grund: Am 20. November 1945 begann im eigens umgebauten Schwurgerichtssaal 600 des Nürnberger Justizpalastes der Prozess des Internationalen Militärtribunals (IMT) gegen die Hauptkriegsverbrecher des "Dritten Reiches" und des 2. Weltkriegs. Jede der vier Siegermächte USA, UdSSR, Großbritannien und Frankreich war im Prozess mit eigenen Richtern und Anklägern vertreten. 22 führende Repräsentanten des NS-Regimes, unter ihnen Hermann Göring, Albert Speer und Julius Streicher, mussten sich für die Planung und Führung eines Angriffskrieges, für Kriegsverbrechen und für Verbrechen gegen die Menschlichkeit verantworten.

> "Heil Hitler. Dies ist mein Purimfest 1946. Ich gehe jetzt zu Gott. Die Bolschewisten werden Euch auch eines Tages hängen."
> *(Julius Streicher vor seiner Hinrichtung 1946 in Nürnberg)*

Die Wahl des Gerichtsorts hatte vor allem organisatorisch-praktische Gründe: Das Nürnberger Gerichtsgebäude hatte den Krieg fast unbeschadet überstanden und besaß - was sehr wichtig war - ein direkt angebautes Gefängnis. Fast eben so gewichtig waren die symbolischen Gründe: Nürnberg war "Führerstadt", Stadt der > Reichsparteitage, Stadt der > "Nürnberger Rassegesetze" und nicht zuletzt Stadt des antisemitischen Hetzblattes > "Der Stürmer" und seines kriminellen Herausgebers und "Frankenführers" Julius Streicher.

Julius Streicher, Gauleiter von Franken, bei den Nürnberger Prozessen. US-Truppen hatten ihn im Mai 1945 in den Alpen festgenommen. Sein Urteil lautete Tod durch den Strang. Die Hinrichtung schlug zunächst fehl, sein Genick brach angeblich erst, nachdem Henker John C. Woods persönlich eingriff.

Der denkwürdige Gerichtssaal 600 wurde in den 1960er Jahren in den Ursprungszustand zurückgebaut und wird inzwischen längst wieder vom Nürnberger Landgericht für Verhandlungen des Schwurgerichts genutzt. Er kann im 2010 fertiggestellten "Memorium Nürnberger Prozesse" besichtigt werden. → *Fürtherstraße 110, Schwurgerichtssaal: Bärenschanzstraße 72* Ⓤ *Bärenschanze*

10 Justizpalast 1946 mit provisorisch repariertem Dach

11 Alter Israelitischer Friedhof
Die in der Mitte des 19. Jahrhunderts wieder entstandene jüdische Gemeinde hatte ihre Verstorbenen zunächst in der Nachbarstadt > Fürth beigesetzt. Erst 1864 wurde an der Bärenschanzstraße ein eigener Friedhof eingeweiht. Er wurde 1922 geschlossen, existiert aber heute noch. Da dieser Friedhof wegen des ständigen Zuzugs jüdischer Bürger aus dem Umland bald nicht mehr ausreichte, wurde 1910 ganz in der Nähe, an der Schnieglingerstraße 156, in Nachbarschaft zum Westfriedhof, ein neuer jüdischer Friedhof eingeweiht, der noch heute belegt wird. → *Bärenschanzstraße 40* Ⓤ *Bärenschanze*

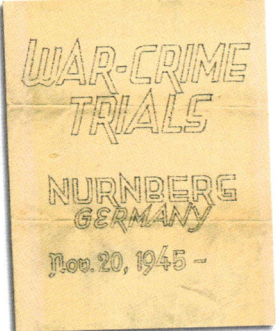

10 Schwurgerichtssaal 600 (heute)

12 Firma D&M Katzenberger
Leo Katzenberger, der Vorsitzende der Jüdischen Kultusgemeinde, betrieb bis zu den Pogromen von 1938 zusammen mit seinem Bruder am Spittlertorgraben 19 eine Schuhhandelskette. Anwohner denunzierten ihn, mit einer jungen nichtjüdischen Fotografin namens Irene Seiler, die am Spittlertorgraben wohnte, ein Verhältnis zu haben. Ein Sondergericht verurteilte Katzenberger am 13. März 1942 zum Tode, Irene Seiler kam mit zwei Jahren Zuchthaus wegen Meineids davon. So kam es, dass ausgerechnet in der Stadt, die schon genug Schande auf sich geladen hatte, weil in ihren

10 Von links: Jodl, Heß, Rosenberg, Frank, v. Papen, Frick, Speer

11 Jüdischer Friedhof an der Bärenschanzstraße

Die Legende des Volkswagens

Der Zündapp-Porsche

Die Nürnberger Motorradindustrie war entscheidend mit an der Entwicklung des Volkswagens beteiligt. Bei ARDIE war es vor allem der jüdische Ingenieur Dr. Josef Ganz, der seit den frühen 20er Jahren die Idee eines Volkswagens verfolgt hatte. Sein neuartiges Kleinwagenkonzept wies schon alle wesentlichen Merkmale des späteren "Käfers" auf: Heckmotor, Zentralrohrrahmen, Einzelradaufhängung. Sein 1931 vorgestellter Prototyp trug sogar schon den Namen "Maikäfer" und kam 1933 in einer überarbeiteten Version als Standard-"Superior" auf den Markt.

Doch nicht Ganz war es, der vom "Führer" den Entwicklungsauftrag für den VW "Käfer" bekam, sondern bekanntlich Ferdinand Porsche. Die Konstruktionen des Juden Ganz wurden im NS-Regime nicht anerkannt. Man raubte ihm seine Patente, denunzierte ihn, sperrte ihn ein. Im Exil versuchte er nachzuweisen, dass Porsche ihm seine Ideen gestohlen habe. Doch er fand kein Gehör.

Bei > Zündapp war es Chef Fritz Neumeyer selbst, der Ende September 1931 mit dem Stuttgarter Konstruktionsbüro von Ferdinand Porsche einen Entwicklungsvertrag für einen "Volkswagen" abgeschlossen hatte. In kurzer Zeit entstanden drei Musterwagen, zwei Limousinen und ein Cabriolet. Auch dieser Porsche "Typ 12" besaß bereits wesentliche Elemente des späteren "Käfers": den Zentralrahmen, den Heckmotor mit 25 PS Leistung, das Getriebe vor der Hinterachse und die typische Karosserieform. Zwei der drei Prototypen des Zündapp-Porsches wurden schon Mitte der dreißiger Jahre verschrottet, der dritte blieb bis 1944 erhalten. Heute befindet sich ein 1:5-Modell des PKW's im Nürnberger Museum Industriekultur.

Von Zündapp hergestellter Porsche "Typ 12"

Mauern die üblen "Rassegesetze" erlassen worden waren (und ein Julius Streicher seit fast zwei Jahrzehnten sein antisemitisches Gift versprizen durfte), auch noch einer der übelsten "Rassenschande"-Prozesse stattfand. Dieser Nürnberger Schauprozess, der bereits zweimal verfilmt wurde (1961 Das > "Urteil von Nürnberg", 2002 "Leo und Claire"), spielte sich übrigens im gleichen Schwurgerichtssaal 600 ab, in dem vier Jahre später die Kriegsverbrecher-Prozesse stattfinden sollten. Auch Oswald Rothaug wurde dort 1947 der Prozess gemacht. Er wurde zwar zu "Lebenslänglich" verurteilt, aber schon nach 9 Jahren wieder auf freien Fuß gesetzt. → *Spittlertorgraben 19* Ⓤ *Plärrer*

13 ARDIE-Werk *"Die älteste Spezialfabrik für Motorräder"* (ARDIE-Eigenwerbung) wurde 1919 von **Ar**no **Die**trich gegründet, der aber bereits drei Jahre später bei einer Testfahrt in Nürnberg ums Leben kam. Dr. Leo Bendit, ein jüdischer Rechtsanwalt aus Fürth und begeisterter Motorradsportler, übernahm die Firma, musste sie aber nach der Machtübernahme der Nationalsozialisten an Hermann Barthel, einen Miteigentümer der

13 ARDIE RBU 503 "Noris" Motorrad (1933)

> FAG Kugelfischer in Schweinfurt, verkaufen und mit seiner Familie in die USA emigrieren. 1942 wurde ARDIE von den Dürkopp-Werken in Bielefeld übernommen, die der Familie Barthel gehörten.1959 wurde die Produktion von Motorrädern eingestellt, 1975 ARDIE mit der Friesecke & Höpfner GmbH verschmolzen, die später in der FAG aufging.
Was wenig bekannt ist: Auch ARDIE war (wie > Zündapp) an der Erfolgsgeschichte des VW Käfers beteiligt. Bereits 1930 hat der deutsch-jüdische Diplomingenieur und Journalist Dr. Josef Ganz für Ardie einen Prototyp entwickelt. → *Preißlerstraße 15* Ⓤ *Bärenschanze*

14 Wäsche- und Kleiderfabrik Karl Amson Joel, Wäsche- und Kleiderfabrik Josef Neckermann

Karl Amson Joel (1889–1982) gründete 1928 in Nürnberg einen Versandhandel für Haushaltstextilien und Bekleidung, dem er ein Jahr später eine eigene Wäschefabrikation angliederte. Das Wäsche- und Konfektionsversandhaus Karl Joel gehörte bald neben Quelle, Witt-Weiden und Schöpflin zu den vier Großen der Branche.
Aufgrund seiner jüdischen Herkunft war Joel ab 1933 zunehmend diffamierenden Angriffen des fränkischen Gauleiters Julius Streicher ausgesetzt, der ihn in seinem antisemitischen Hetzblatt > "Der Stürmer" u.a. als *"Henker des deutschen Mittelstandes"* verunglimpfte. Deshalb zog Joel 1934 mit seinem Versandhandelsgeschäft nach Berlin um; die Verlegung seiner Wäschemanufaktur mit 150 Mitarbeitern hatte ihm Streicher verweigert. Als Folge der > "Nürnberger Rassegesetze" vom 15. September 1935 nahmen jedoch bald auch in Berlin die Behinderungen immer mehr zu (so musste Joel z.B. seine Pakete mit "J" kennzeichnen). Unter dem wachsenden "Arisierungs"-Druck der Nazis sah sich Joel schließlich gezwungen, sein Unternehmen 1938 weit unter Wert an Josef Neckermann zu verkaufen. Doch selbst die vereinbarte Summe von 2,3 Millionen Reichsmark hat Joel nie erhalten. Er flüchtete mit Frau und Sohn in die Schweiz und später in die USA (wo übrigens sein Enkelsohn Billy Joel in den 70er Jahren ein internationaler Pop-Star werden sollte). Nach dem 2. Weltkrieg gelang es Karl Joel nach jahrelangem Prozessieren, von Neckermann eine Entschädigung in Höhe von 2 Millionen DM zu erstreiten. 1964 kehrte er mit seiner Frau Meta nach Nürnberg zurück, wo er 1982 starb. → *Singerstraße 26* Ⓤ *Aufseßplatz*

13 Titelmotiv ARDIE-Ganz Prototyp

14 Karl Joels ehem. Wäschefabrik

14 Inschriften im Farbik-Innenhof

Die Siemens-Schuckert Werke (SSW) haben auch eine lange Luftfahrtgeschichte, an der das Trafowerk in Nürnberg maßgeblich beteiligt ist. Dazu zählen Entwicklungen wie Luftschiffe, bis zu 4-motorige Großflugzeuge, Flugmotoren, Radaranlagen, Autopiloten und zahlreiche weitere Systeme. Die 1917/18 eingesetzte "D.IV" von SSW gilt sogar als eines der besten Kampfflugzeuge des 1. Weltkriegs.

15 Schuckert-Werk an der Landgrabenstraße (1890)

15 "Schwerathletik" bei Siemens-Schuckert (1936)

Die Schuckert-Werke

15 Siemens-Schuckert-Werk / Siemens-Werk

Die Siemens-Schuckert-Werke (SSW) gehörten, zusammen mit der > MAN, den > Diehl-Werken und der > Dynamit Nobel AG, im 2. Weltkrieg zu Nürnbergs bedeutendsten Kriegswirtschafts-Unternehmen (mit entsprechend hohem Anteil an Zwangsarbeitern). Dabei hatte 70 Jahre zuvor alles so friedlich begonnen: mit einer kleinen mechanischen Werkstatt in der "Schwabenmühle", die Sigmund Schuckert (1846–1895), einer der Pioniere der Elektrotechnik, 1873 in der Nürnberger Altstadt eröffnete. Dort konstruierte er seinen ersten Dynamo und unternahm erste Versuche einer elektrischen Straßenbeleuchtung. Die kleine Werkstatt wuchs bald zum großen Unternehmen heran, das 1890 ein neues weitläufiges Betriebsgelände an der Landgrabenstraße in der Nürnberger Südstadt bezog. 1893 erfolgte die Umwandlung in eine AG, 1903 die Übernahme durch Siemens und die Fusion mit Siemens-Halske zu den Siemens-Schuckert-Werken, die sich bis zum 1. Weltkrieg zum größten bayerischen Unternehmen entwickelten. 1966 gingen die SSW ganz in der Siemens AG auf. Trotz großer Kriegszerstörungen sind heute teilweise noch ganze Straßenzüge mit den typischen roten Klinkerbauten der SSW in der Nürnberger Südstadt erhalten.
→ *Siemensplatz, Landgraben-, Gugelstraße* Ⓤ *Aufseßplatz*

16 Hauptverwaltung der Diehl Stiftung
Die Firmengruppe Diehl, in den 1990er Jahren in eine Familienstiftung umgewandelt (Diehl Stiftung & Co KG), zählt zu den größten deutschen Industriekonzernen, die noch komplett in Familien-

Flakscheinwerfer gehörten während des 2. Weltkrieges zu einem der im Siemens-Schuckert-Werk hergestellten Rüstungsgütern.

hand sind. Die Geschäftsfelder reichen von Metall über industrielle Steuerungstechnik bis hin zu Lenkwaffen-Systemen für den Eurofighter, wobei die Wehrtechnik etwa ein Drittel des Umsatzes ausmacht. Im Südosten der Stadt hatte Diehl 1937, zusätzlich zu seinem Stammwerk am Nordostbahnhof, die Bing-Werke übernommen, nachdem man deren jüdischen Direktor vertrieben hatte. Diehl baute die "arisierte" Fabrik (wie auch das Stammwerk am Nordostbahnhof) 1939 zu einem Rüstungsbetrieb aus und um, speziell für die Herstellung von Artilleriemunition und Munitionszünder. Zwangsarbeiter und später auch Kriegsgefangene sicherten die kriegswichtige Produktion und ließen Diehl zu einem der größten Nürnberger Rüstungsunternehmen im 2. Weltkrieg aufsteigen. (Ein weiteres > Diehl-Werk wurde 1938 in Röthenbach an der Pegnitz gebaut.) Auch nach dem 2. Weltkrieg blieb Diehl im Rüstungsgeschäft erfolgreich, nicht zuletzt dank der engen persönlichen Freundschaft des damaligen Firmenchefs Karl Diehl mit dem ehem. Bundesverteidigungsminister und späteren bayerischen Ministerpräsidenten Franz-Josef Strauß. → *Stephanstraße 49* Ⓢ *Dürrenhof*

17 Hochbunker Wöhrd

Der Hochbunker war mit einer Kapazität von über 679 Schutzplätzen einer der größeren Luftschutzbunker in der Innenstadt. Architektonisch hatte man ihn der historischen Bebauung der einstmaligen Vorstadt angepasst. Der Bunker ist gut erhalten und kann heute im Sommerhalbjahr z.T. besichtigt werden. Der Bayerische Blinden-und Sehbehindertenbund hat darin – im Zusammenhang mit dem nahe gelegenen "Erfahrungsfeld zur Entfaltung der Sinne" – einen Dunkelraum eingerichtet. → *Hirsvogelstraße 14* Ⓤ *Rathenauplatz*

18 Villa Julius Streicher / Cramer-Klett-Park

Das Cramer-Klett-Palais, eine verfallene Industriellen-Villa aus der ersten Hälfte des 19. Jahrhunderts, benannt nach einer der bedeutendsten Fabrikgründer-Familien Nürnbergs, war 1928 von der Stadt erworben und 1934/35 aufwändig renoviert worden (Entwurf Ludwig Ruff). Die Stadtverwaltung hatte *"in einmütiger Kundgebung"* beschlossen, das Gebäude dem Gauleiter der NSDAP > Julius Streicher *"als dem Statthalter des Führers in Franken"* zur Verfügung zu stellen. Die Villa wurde im Krieg zerstört und später abgerissen. Heute befindet sich hier ein Park. → *Äußere-Cramer-Klett-Straße 4* Ⓤ *Rathenauplatz*

19 St. Johannis Friedhof

Das in seiner Anlage einzigartige Gräberfeld, entstanden aus drei verschiedenen mittelalterlichen Begräbnisstätten, zählt zu den künstlerisch und kulturgeschichtlich bedeutendsten Friedhöfen Europas. Hier liegen mit Albrecht Dürer, Veit Stoß, Willibald Pirckheimer und Wenzel Jamnitzer einige der berühmtesten Söhne der Stadt begraben. Zum offiziellen Friedhof der Stadt wurde der Johannisfriedhof im Jahr 1518. Damals beschloss der Nürnberger Rat, dass die Toten nur noch außerhalb der Stadt beerdigt werden dürften. Die bronzenen Epitaphien auf den schlichten Sandsteingrabmälern lohnen ein genaueres Studium, erzählen sie doch nicht nur vom Beruf und der sozialen Stellung des Toten, sondern auch von seinen Kindern und der Zahl der Ehefrauen, die er überlebt hat. Die auf dem Friedhof gelegene, 1377–1395 errichtete Johanniskirche aus rötlichem Sandstein ist die einzige der historischen Nürnberger Kirchen, die den 2. Weltkrieg unbeschädigt überstanden hat. → *Johannisstraße 53* Ⓤ *Gostenhof*

15 Skulptur am Siemens-Gebäude

17 Hochbunker-Wöhrd (Eingang)

19 St. Johannis Friedhof (heute)

Reichsparteitaggelände

Einmal im Jahr, jeweils Anfang September, wurde Nürnberg zum politischen Zentrum Deutschlands. Dann versammelte sich dort die gesamte Partei- und Staatselite auf persönlichen Wunsch Adolf Hitlers für eine Woche zur wichtigsten Selbstdarstellungs-Inszenierung und größten Massendemonstration des NS-Regimes.

Die Reichsparteitage waren männerbündische Hochfeste des Germanen-Kults, zelebriert als profane Gottesdienste zu Ehren des allmächtigen "Führers". Vor allem aber waren sie gigantische Propaganda-Spektakel. Um den angemessenen Rahmen für die feierlichen Aufmärsche und paramilitärischen Kampfspiele zu schaffen, entstand in den Jahren 1933–39 am Rand der Stadt *"die größte Baustelle Deutschlands, vielleicht sogar der Welt"* (Robert Fritzsch in "Nürnberg im Krieg"). Chefplaner war offiziell der "Architekt des Führers" Albert Speer, inoffiziell war es der "Führer" selbst. In seiner Megalomanie sorgte er dafür, dass durch ständige Vergrößerung der Bauten und Aufmarschplätze schließlich eine geplante Gesamtanlage von 11 Quadratkilometern auf Speers Reißbrettern stand – siebenmal größer als die gesamte Nürnberger Altstadt. O-Ton Hitler: *"Es muss hier in gewaltigstem Ausmaß ein Dokument stilbildender Art geschaffen werden, das zugleich für Millionen Deutsche ein Denkmal des Stolzes sein soll."*

REICHSPARTEITAGGELÄNDE 43

1 Aufmarsch der Massen vor Adolf Hitler in der Luitpoldarena

44 REICHSPARTEITAGGELÄNDE

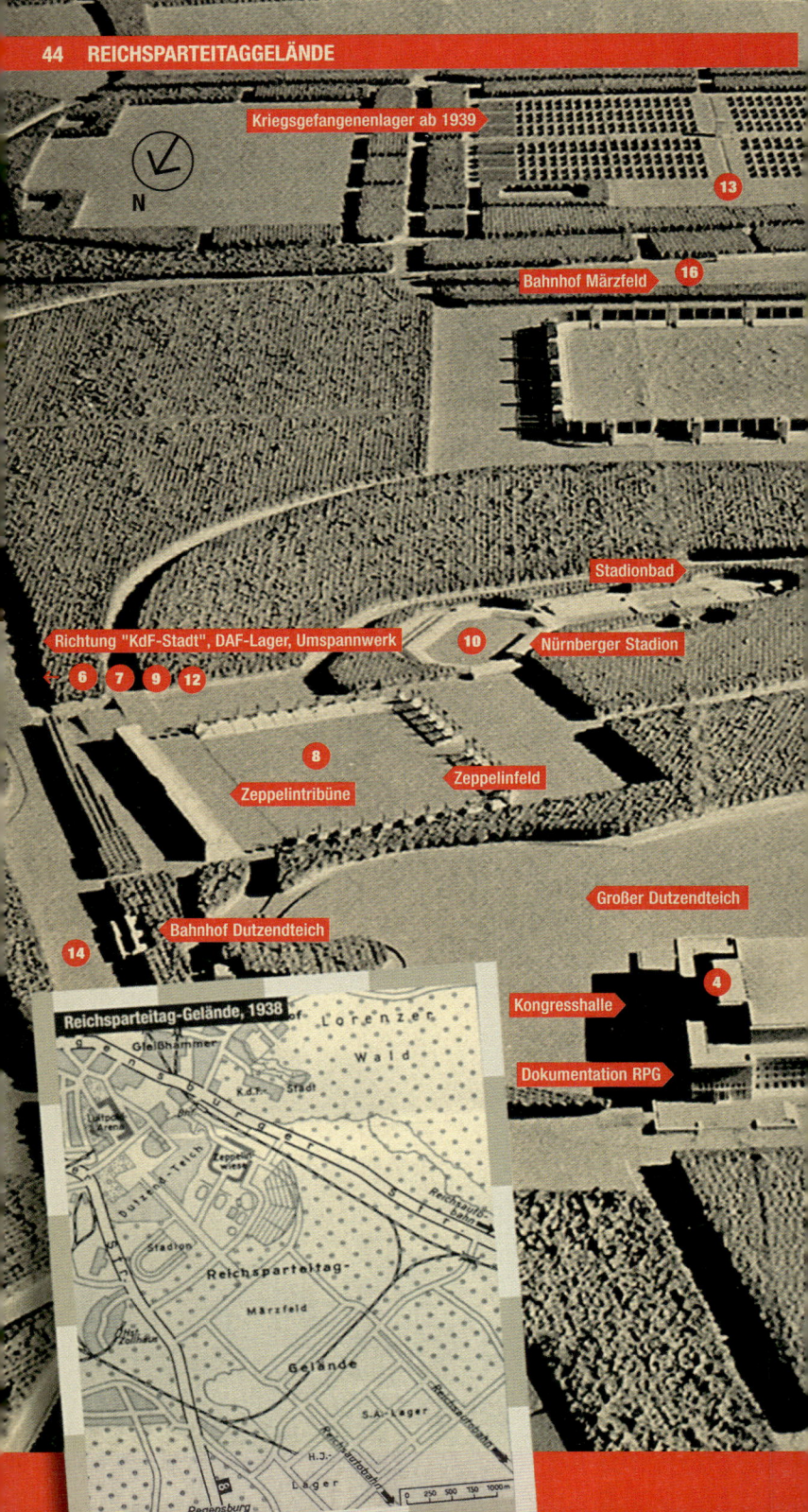

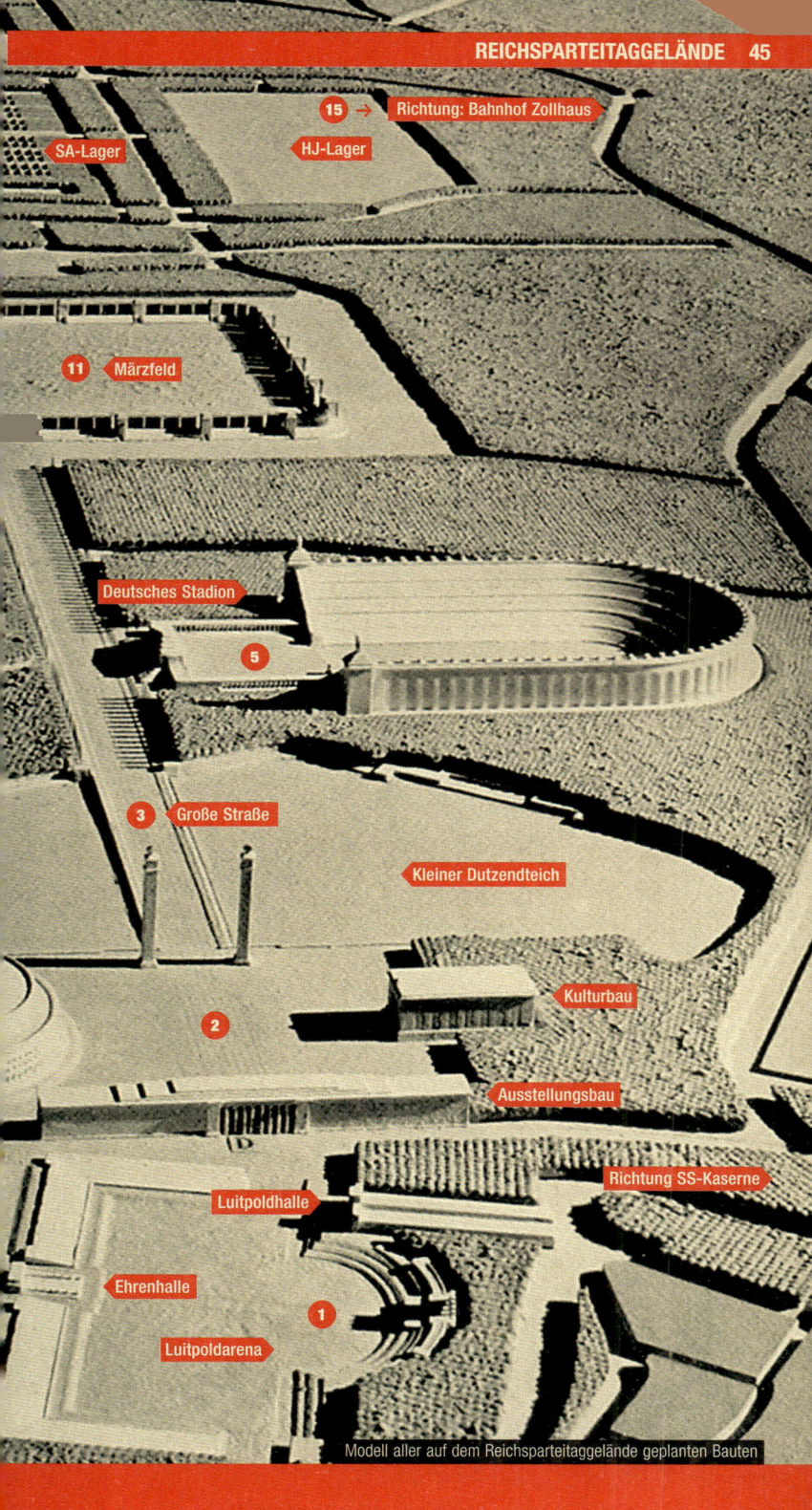

Modell aller auf dem Reichsparteitaggelände geplanten Bauten

Leni Riefenstahl war die bevorzugte Filmemacherin Hitlers. Im Auftrag der NSDAP drehte sie drei Filme über die Reichsparteitage in Nürnberg. Auf der Pariser Weltausstellung 1937 wurde ihr für > "Triumph des Willens" eine Goldmedaille verliehen. Für ihre Filme über die Olympischen Spiele von 1936 in Berlin erhielt sie u.a. auf den Filmfestspielen in Venedig die Goldmedaille.

1 Portal der Luitpoldhalle

Die Luitpoldarena - Kult- und Weihestätte

1 Luitpoldhain, Luitpoldarena, Luitpoldhalle und Alte Kongresshalle Ausgangspunkt aller Kolossalbauten auf dem Reichsparteitag (RPT)-Gelände waren eine große Ausstellungshalle und ein weitläufiger Park, die beide anlässlich der Bayerischen Landesausstellung 1906 angelegt und nach dem damaligen bayerischen Prinzregenten benannt worden waren: Luitpoldhalle und Luitpoldhain. Die Halle, in der 1927 und 1929 die ersten Parteitage der NSDAP in Nürnberg stattgefunden hatten, wurde nach 1933 mit einer neoklassizistischen Fassade verkleidet und zur Kongresshalle umgebaut. Sie bot 16.000 Menschen Platz und erhielt später den Namen Alte Kongresshalle (zur Unterscheidung von der im Bau befindlichen monumentalen "neuen"). Aus dem Luitpold-Hain, einem ehemaligen Kiefernwäldchen, wurde die Luitpold-Arena. Während die Luitpold-Halle für die "Parteikongresse" der NSDAP genutzt wurde, diente die Luitpold-Arena als Aufmarschgelände für die Formationen der SA und SS. Der 84.000 qm große, nahezu rechteckige Platz fasste 150.000 Menschen, auf den Sitztribünen fanden 50.000 Personen Platz. In der Mitte der einen Längsseite befand sich das 1927–30 errichtete Mahnmal der Stadt Nürnberg für die Toten des 1. Weltkriegs, die "Ehrenhalle", die von den Nationalsozialisten "übernommen" und in ihre Rituale eingebaut worden war. Ihr gegenüber, und durch eine

Informationstafeln an 23 Stellen ermöglichen eine Erkundung des ehem. Reichsparteitagsgeländes auf eigene Faust. In kompakter Form vermitteln sie die wichtigsten Informationen zu den historischen Bauten.

REICHSPARTEITAGGELÄNDE

240 Meter lange und 18 Meter breite Straße aus Steinplatten getrennt, lag die 1936 fertiggestellte, an beiden Seiten von Türmen mit sieben Meter hohen Hoheitsabzeichen abgeschlossene "Führertribüne" mit der rechteckigen "Rednerkanzel". Hinter der "Führertribüne" wurden drei 24 Meter hohe Hakenkreuz-Fahnen aufgezogen, die damals angeblich "größten Fahnentücher der Welt". Höhepunkt der kultischen Feierlichkeiten in der Luitpoldarena war am zweiten Tag die Totenfeier für die gefallenen Soldaten und die Märtyrer der NS-Bewegung.

1 Aufmarsch der SS auf dem Luitpoldhain

Von Luitpoldhalle und -arena ist bis auf die "Ehrenhalle" und das Fliegerdenkmal und einige Treppenstufen nichts erhalten geblieben. Das Fliegerdenkmal wurde 1924 von Walter Franke für die gefallenen deutschen Piloten des 1. Weltkriegs gestaltet, stand ursprünglich an der Dutzendteichstraße, wurde nach Eröffnung des neuen Nürnberger Flughafens an die Marienbergstraße verlegt, kehrte aber 1958 an den Dutzendteich zurück und wurde an der Rückseite der Ehrenhalle wieder aufgestellt. Die Alte Kongresshalle wurde 1942 von Fliegerbomben schwer beschädigt und später gesprengt. Heute befindet sich dort ein Autoparkplatz (an der Bayernstraße). Die Granitplatten und -quader der Tribünen wurden teilweise abgetragen und für Gehwege verwendet, größtenteils jedoch mit Erdreich zugeschüttet und darauf einen Erholungspark errichtet. An den Nordost-Rand der Arena hat man in den 60er Jahren des vergangenen Jahrhunderts eine neue Halle für Großveranstaltungen gebaut, die sog. Meistersingerhalle, dazu eine quadratische Hotelanlage. Im Luitpoldhain finden seit 2000 alljährlich Open-Air-Klassik-Konzerte statt.

→ *An der Ehrenhalle/Bayernstraße* Ⓢ *Dutzendteich*

1 Leni Riefenstahl bei Dreharbeiten zu ihrem Film "Triumph des Willens"

1 Hitler in der Luitpoldhalle

1 Fliegerdenkmal im Luitpoldhain

3 Überwucherte Treppenstufen an der Großen Straße

1 Leni Riefenstahl in der Luitpoldarena neben einer der 7 Meter hohen Reichsadlerskulpturen von Kurt Schmid-Ehmen

REICHSPARTEITAGGELÄNDE

2 Alter Tiergarten, Kulturbau und Ausstellungsbau / Volksfestplatz Der alte Tiergarten am Dutzendteich passte Albert Speer nicht in seine Planung für das RPT-Gelände. Auf dem Areal der idyllischen Anlage aus dem Jahr 1912 sollten nämlich neben der > Großen Straße und der > Kongresshalle auch noch ein Kulturbau und ein Ausstellungsbau entstehen. Im Kulturbau – genau gegenüber der > Kongresshalle – sollten die nationalsozialistischen Kulturtagungen stattfinden, die bislang im alten > Kulturvereins-Gebäude in der Innenstadt abgehalten wurden, während der Ausstellungsbau die Kapazitäten des > Germanischen Nationalmuseums erweitern und zugleich als Portalbau des Nordausgangs der Großen Straße dienen sollte. In beiden Fällen blieb es bei der Planung. Trotzdem ließ Speer den alten Tiergarten 1937 kurzerhand auflösen und einige Kilometer weiter, zu Füßen des Schmausenbucks, neu anlegen. Nur die zwei Plastiken am Eingang erinnern dort an den alten Tierpark, dessen Gelände heute als Volksfestplatz genutzt wird. Wem dort übrigens zwischen der Bayernstraße und der Jakob-Wolff-Straße eine bepflanzte Wallaufschüttung ins Auge fällt, der steht vor einem weiteren Relikt aus der Vergangenheit: Unter den Wällen befinden sich die nicht mehr verwendeten Granitquader der Kongresshalle. → *Volksfestplatz* Ⓢ *Dutzendteich*

1 "Ehrenhalle" als Briefmarkenmotiv

9 "Tag des Reichsarbeitsdienstes"

9 "Tag der Gemeinschaft" vor der Zeppelintribüne

9 "Tag der Hitler-Jugend" mit Hitler, Heß und von Schirach

9 "Tag der Wehrmacht" auf dem Zeppelinfeld

3 Große Straße Als zentrale Achse des Reichsparteitagsgeländes und Verbindungsglied zwischen den diversen Monumentalbauten sollte nach den Plänen > Albert Speers die Große Straße dienen. Mit dem Bau der zwei Kilometer langen und 60 Meter breiten Prachtstraße wurde 1935 begonnen, 1939 war sie weitgehend fertiggestellt. Sie sollte an der Schmalseite der > Luitpoldarena beginnen, den Dutzendteich durchqueren und am > Märzfeld enden. Ihr nördlicher Fluchtpunkt war auf die Kaiserburg in der Nürnberger Altstadt ausgerichtet. Damit wollte man eine optische Verbindung zwischen den kaiserlichen Reichstagen des Mittelalters und den faschistischen des "Dritten Reiches" herstellen. Die schnurgerade Straße, mit schweren Granitplatten gepflastert, *"stark genug, um auch das Gewicht von Panzern auszuhalten"*, und an der Oberfläche aufgeraut, *"damit die Soldaten beim Paradeschritt für ihre Stiefel Halt fanden"* (A. Speer), war für die Aufmärsche der Wehrmacht gedacht. 50 Meter breite Formationen sollten auf ihr Richtung Märzfeld an Reichsführung und Generalität vorbeidefilieren. Auf beiden Seiten waren 6,50 Meter breite Gehsteige und Stehtribünen in Form breiter Treppen vorgesehen. Ferner sollte ein Spalier aus Kolossalfiguren und Eichenbäumen die Straße säumen, die damit eine Gesamtbreite von fast 100 Meter erreicht hätte. Die "Große Unvollendete" wurde nie als Paradestraße genutzt. Erst nach dem Krieg fand sie als Rollbahn für die US-Army Verwendung. Seit 1968 dient sie als Parkplatz bei Großveranstaltungen. Die Gehsteige und Tribünentreppen sind weitgehend überwuchert. In den 90er Jahren wurden die Granitplatten zum Teil restauriert. → *Große Straße* Ⓢ *Dutzendteich*

Der Ablauf der Reichsparteitage der NSDAP

Das organisierte Ritual der Partei

Der Ablauf des 1933 noch vier, ab 1934 sieben, schließlich sogar acht Tage dauernden Propaganda-Spektakels war so streng ritualisiert wie straff organisiert:

1 **"Tag der Begrüssung"** – Der 1. Tag begann mit dem Einzug des "Führers" in die Stadt und endete mit einer Gala-Aufführung der Richard Wagner-Oper "Die Meistersinger von Nürnberg".

2 **"Tag der Kongresseröffnung"** – Am Morgen des 2. Tages nahm Hitler vom Balkon seines > Hotels *Deutscher Hof* aus den Vorbeimarsch der "Hitler-Jugend (HJ)" ab, die ihre Fahnen aus allen Teilen des Reiches in einem wochenlangen Sternmarsch nach Nürnberg getragen hatten. Am späten Vormittag betrat Hitler zu den Klängen des "Badenweiler-Marsches" und unter tosenden "Heil"-Rufen seiner Anhänger die bis auf den letzten Platz gefüllte > Luitpoldhalle. Es folgte der Einzug der "Blutfahne" vom missglückten Münchener November-Putsch 1923 und die offizielle Eröffnung des Parteitages durch den Hitler-Stellvertreter Rudolf Heß. Der Tag schloss mit einer Grundsatzrede Hitlers zu Weltanschauungs- und Kulturfragen im Opernhaus.

3 **"Tag des Reichsarbeitsdienstes"** – Der 3. Tag stand ganz im Zeichen des "Reichsarbeitsdienstes". Am Vormittag zogen 50.000 "Arbeitsmänner" in militärischer Formation vor dem "Führer" zu einer "Feierstunde" im > Zeppelinfeld auf. Am Nachmittag marschierten sie nochmals an Hitler vorbei, diesmal im Zentrum der Stadt und mit geschultertem Spaten.

4 **"Tag der Gemeinschaft"** – Der 4. Tag, am "Tag der Gemeinschaft", begann mit gymnastischen Schauübungen und alten Volkstänzen und endete mit einem Fackelzug der "Politischen Leiter", also der Funktionäre der NSDAP, an Hitler vorbei durch die nacht-dunkle Stadt.

5 **"Tag der Politischen Leiter"** – Höhepunkt des 5. Tages war die nächtliche "Weihestunde" der "Politischen Leiter" auf dem Zeppelinfeld, ein schauerliches Meisterstück der Masseninszenierung, mit 100.000 einheitlich uniformierten Partei-Funktionären, 30.000 Hakenkreuzfahnen und jenem berühmt gewordenen "Lichtdom" beim Eintreffen des "Führers".

6 **"Tag der Hitler-Jugend"** – Der 6. Tag stand im Zeichen der "Hitler-Jugend". 50.000 uniformierte Jungen und Mädchen lauschten beim großen Appell im > Nürnberger Stadion der Ansprache Hitlers. Es folgte die Vereidigung der achtzehnjährigen Parteianwärter und schließlich die Besichtigung der angetretenen Staatsjugend durch den "Führer".

7 **"Tag der SA und SS"** – Der 7. Tag, der Tag des "Braunen Heeres", war der traditionelle Höhepunkt des Reichsparteitages. Vormittags traten über 100.000 Mann von SA und SS mit ihren Sturmfahnen und Standarten in der > Luitpoldarena zu Totenehrung und Fahnenweihe an, nachmittags folgte der Marsch in die Innenstadt und der Vorbeimarsch an Hitler.

8 **"Tag der Wehrmacht"** – Der 8. und letzte Tag schließlich, der "Tag der Wehrmacht", galt der Demonstration militärischer Macht, mit Exerzieren, Gefechtsübungen, Waffenvorführungen und einer Parade von Heer, Luftwaffe und Marine vor dem "Führer" auf der > Zeppelinwiese. Mit einer programmatischen Schlussansprache Hitlers in der Alten Kongresshalle und einem mitternächtlichen Großen Zapfenstreich vor Hitlers Hotel endete Nürnbergs und des Reiches "stolzeste Woche".

Nach dem Willen des "Führers" sollten die Menschen die Kongresshalle als den "ersten Riesen" unter den Bauten des Nationalsozialismus bewundern. So Hitler bei der Grundsteinlegung.

Die Kongresshalle - eine Dokumentation

4 Kongresshalle / Dokumentationszentrum Reichsparteitagsgelände Die Kongresshalle am Dutzendteich (von "Dutze" = Schilfrohrkolben) ist mit 60.000 Quadratmetern überbauter Fläche Nürnbergs gewaltigstes Bauwerk der Neuzeit und der größte Neubau im Deutschen Reich (Entwurf Franz und Ludwig Ruff, 1933–35). Die Fassade des hufeisenförmigen Gebäudes, das für die Tagungen der NSDAP gedacht war, sollte an das Colosseum in Rom erinnern, es aber in den Ausmaßen kolossal übertrumpfen: in der Länge um das 1,3-fache, in der Breite um das 1,7-fache. Im September 1935 wurde mit dem Bau begonnen, erst zwei Jahre später mit den Hochbauarbeiten. Wegen der schwierigen Grundverhältnisse - Chefplaner Speer ließ die Mammuthalle in den sumpfigen See setzen – war eine aufwendige Pfahlgründung erforderlich, mit 22.000 bis zu 16 Meter langen Betonpfählen. Die Kongresshalle sollte mehr als 50.000 Menschen Platz bieten (fast doppelt so vielen wie das Colosseum), 1943 eingeweiht werden und 25 Millionen Reichsmark kosten. Als die Bauarbeiten 1943 endgültig ein-

REICHSPARTEITAGGELÄNDE

4 Geplanter Innenausbau der Kongresshalle im Modell

gestellt wurden, war fast die zehnfache Summe verbaut. Der granitverkleidete Außenbau sollte vier Geschosse aufweisen, das unterste mit Kolonaden, und im Osten von zwei Kopfbauten mit kleinem Innenhof und einer Eingangshalle abgeschlossen werden. Für den Hauptsaal waren 40.000 Sitzplätze vorgesehen, dazu eine Bühne für 2.400 Personen und 800 Standarten. Die Halle sollte hufeisenförmig von Tribünen umgeben werden, die oben von einem 400 Meter langen Säulenumgang mit 88 Pfeilern umschlossen sein sollten. Im Zentrum der Halle sollte eine Rednerkanzel für den "Führer" Adolf Hitler platziert werden. Auf sie waren die Zuschauertribünen ausgerichtet. Als Dach war eine riesige freitragende Stahlkonstruktion mit einer maximalen Spannweite von 170 Metern geplant. Sie hätte in einer Höhe von ca. 70 Metern die Haupthalle überspannt. Die Neue Kongresshalle ist ein – wenn auch im Fassadenbereich weitgehend fertig gebauter – Torso geblieben. Das oberste Geschoss fehlt, genauso wie

4 Dokumentationszentrum

54 REICHSPARTEITAGGELÄNDE

4 Ausstellungsraum im Dokumentationszentrum

4 Kolonadengang

4 Hitler bei der Grundsteinlegung

4 Innenraum der unvollendeten Kongresshalle (heute)

4 Große Säulenhalle in der Kongresshalle (heute)

das Stahldach und der gesamte Innenausbau. Nach dem 2. Weltkrieg benutzten die US-Truppen das riesige Bauwerk jahrelang zur Lagerung von militärischem Gerät.

Heute ist im nördlichen Kopfbau das im November 2001 eröffnete "Dokumentationszentrum Reichsparteitage Nürnberg" untergebracht. Es informiert über "Faszination und Gewalt" des "Dritten Reiches". Die Dauerausstellung zeigt die Entwicklung des Nationalsozialismus von 1918/19, dem Ende des 1. Weltkriegs, bis zu den Nürnberger Kriegsverbrecher-Prozessen 1945/46. Der Schwerpunkte der Ausstellung liegt auf der Rolle Nürnbergs im "Dritten Reich", auf den Bauten des Reichsparteitagsgeländes, den Ritualen der Reichsparteitage und der Geschichte der Nürnberger Prozesse. Das Konzept des österreichischen Architekturprofessors Günther Domenig unterstützt das didaktische Anliegen: Ein 130 Meter langer begehbarer Pfahl aus Glas und Stahl, der sich diagonal durch den Nordflügel der Kongresshalle bohrt, setzt ein Zeichen gegen die steinerne Monumentalität und verbindet eindrucksvoll den Einblick in die Geschichte mit dem Ausblick in die Gegenwart der Vergangenheit. → *Bayernstraße 110* ⏲ *Mo-Fr 9–18, Sa, So 10–18 Uhr* Ⓢ *Dutzendteich*

5 Deutsches Stadion / "Silberbuck" und "Silbersee"

Dem Zeppelinfeld gegenüber, auf der anderen Seite der Großen Straße, sollte eine Riesenarena mit einem Fassungsvermögen von 400.000 Zuschauern entstehen: das Deutsche Stadion (Entwurf Albert Speer). Es sollte die größte Sportarena der Welt werden, und das wäre das Nürnberger Stadion auch heute noch – hätte man es denn gebaut. Selbst das Maracanà-Stadion in Rio de Janeiro, mit einem Fas-

REICHSPARTEITAGGELÄNDE

4 Infotafeln an der Kongresshalle

sungsvermögen von fast 180.000 Zuschauern, die derzeit größte Arena der Welt, würde daneben klein aussehen. Doch das Stadion der Superlative kam über die Grundsteinlegung am 9. Juli 1937 (der riesige Grundstein ist erhalten geblieben, wurde aber 2001 abgetragen) und die Aushebung der Baugrube nicht hinaus (heute "Silbersee"). Das einzige gebaute Teil entstand ca. 50 Kilometer östlich von Nürnberg im idyllischen Hirschbachtal und ist heute noch teilweise erhalten. Es handelt sich um ein Segment der Zuschauerränge, das bei der Ortschaft Oberklausen als Modell im Maßstab 1:1 in einen Berghang hineingebaut wurde, um verschiedene Neigungswinkel der Sichtverhältnisse zu testen, verständlich bei einer Entfernung von 80 Meter vom obersten Rang bis zum Spielfeld. Das in Hufeisenform geplante, dem alten Olympia-Stadion in Athen unempfindliche Mammut-Bauwerk hätte mit 540 Meter Länge, 225 Meter Breite und 82 Meter Höhe alle Dimensionen gesprengt. Es wäre höher gewesen als die Nürnberger Lorenzkirche und mit einem umbauten Raum von 8,5 Millionen Kubikmetern dreimal so voluminös wie die Cheops-Pyramide. Das Spielfeld sollte 380 Meter lang und 150 Meter breit sein, was weit über die olympischen Maße hinaus ging. Aber Hitler ging davon aus, dass die Olympischen Spiele sowieso künftig und für alle Zeiten nur noch in Deutschland stattfinden und

Albert Speer 1905–1981

Der am 19.03.1905 in Mannheim geborene Architektensohn Albert Speer ist als intellektueller Künstler-Freund und Lieblingsarchitekt Adolf Hitlers in die Geschichte eingegangen. Sein erster großer Parteiauftrag bestand darin, die Kundgebung zum 1. Mai 1933 gestalterisch zu betreuen. Der Legende nach hatte er in Joseph Goebbels' Propaganda-Ministerium einen Entwurf für die nächtliche Massenveranstaltung entdeckt und sich darüber mokiert: Die Kulisse wirke *"wie die Dekoration zu einem Schützenfest"*. Woraufhin man ihm zur Antwort gab, es hindere ihn niemand, es besser zu machen. Speer machte es nicht nur besser, sondern so gut, dass ihm Hitler im Herbst 1933 anbot, seine Berliner Amtswohnung

"Führer"-Skizzen für Speer (rechts)

neu zu gestalten. Nur ein Jahr später avancierte der damals 29-Jährige zum "Architekten des Führers" und wurde damit verantwortlich für die gigantischen NS-Bauvorhaben insbesondere in den fünf "Führerstädten" Nürnberg, München, Hamburg, Linz und Berlin. Noch im gleichen Jahr beauftragte ihn sein "Oberster Bauherr" damit, einen Gesamtplan für das Reichsparteitagsgelände zu erstellen. Viele gestalterische Elemente der Reichsparteitage, vom Fahnenschmuck bis zum "Lichtdom" aus 150 Flak-Scheinwerfern auf dem > Zeppelinfeld, gingen auf seine Ideen zurück. 1937 ernannte Hitler seinen Großarchitekten zum "Generalbauinspektor für die Reichshauptstadt" und beauftragte ihn mit dem Bau der Neuen Reichskanzlei. Nach Kriegsbeginn war der begabte Architekt allerdings kaum mehr gefragt, umso mehr der begnadete Organisator. 1942 berief ihn Hitler zum "Reichsminister für Rüstung und Kriegsproduktion" (*"Ich brauche einen, der auch nach meinem Tode mit der von mir verliehenen Autorität weitermachen kann"*) und damit zum Herrn über Millionen von Zwangsarbeitern. Bei den > Nürnberger Prozessen verurteilten ihn die Alliierten zu 20 Jahren Haft in der er seine Erinnerungen schrieb, die zum Bestseller wurden. Albert Speer starb am 1. September 1981 in London.

4 Kongresshalle (heute)

56 REICHSPARTEITAGGELÄNDE

In einem Teil der Baugrube des Deutschen Stadions entstand nach dem Krieg der "Silbersee", ein giftiges Gewässer. Die Giftstoffe stammen aus dem benachbarten "Silberbuck", einem aus dem Bombenschutt der Nürnberger Südstadt entstandenen Trümmerberg. Die ökologische Altlast aus hochgiftigen Schwefelverbindungen macht ein Bad im "Silbersee" lebensgefährlich.

Ein Stadion für 400.000 Menschen

zwar *"in diesem Stadion. Und wie das Spielfeld zu bemessen ist, das bestimmen dann wir."* Die Zuschauerränge sollten, abgestuft in fünf Ränge, bis zu 80 Meter hoch aufsteigen (weshalb man für die Zuschauer in den oberen Rängen Spezialbrillen einführen wollte) und sollten an der Außenfassade von einer in mächtigen Pfeilern aufgelösten Wand eingefasst werden. Die Umfassungsmauern des Stadions aus rotbraunem Oberlausitzer Granit sollten aus 64 Pfeilern bestehen, die einen quadratischen Querschnitt von fünf Meter Stärke haben sollten. Auf den beiden die Stirnmauer flankierenden Türmen sollten Adler mit einer Spannweite von 15 Meter stehen. Für die Feuerschalen war ein Durchmesser von sechs Meter vorgesehen. Doch im Herbst 1939 waren die größenwahnsinnigen Pläne des "Führers" und seine Lieblingsarchitektur nur noch Makulatur: Wegen des Kriegsbeginns wurde ein Baustopp verfügt. 350.000 m rötli-

REICHSPARTEITAGGELÄNDE 57

5 Modell des Deutschen Stadions, mit Truppenformationen auf der Großen Straße im Vordergrund

che Granitquader für die Umfassungsmauern und 400.000 m weißgraue Granitquader für die Tribünen waren schon bestellt, ein neues Konzentrationslager (Natzweiler-Struthof) mit Arbeitskräften für die Granitgewinnung wurde extra dafür errichtet. Die gigantische Baugrube des geplanten Stadions diente nach dem 2. Weltkrieg als riesiger Müllschlucker für den Schutt der zerstörten Altstadt. Zu dessen Abtransport aus dem Zentrum ließ die Stadt eine Kleinbahnstrecke anlegen, auf der der "Trümmer-Express" verkehrte. Als nach Jahren der südliche Teil der Baugrube aufgefüllt war, wuchs aus dem Loch nach und nach ein Hügel empor. Diese Hochdeponie, wurde später begrünt und zum Aussichtsberg umgestaltet ("Silberbuck").

→ *Große Straße/"Silbersee"/"Silberbuck"* Ⓤ *Bauernfeindstraße*

5 1:1 Modell des Sockels des Deutschen Stadions im Größenvergleich

REICHSPARTEITAGGELÄNDE

7 Frankenhalle, "KdF-Stadt"

8 Zeppelintribüne heute ...

8 ... und gestern, während der Reichsparteitage

8 "Goldener Saal" in der Zeppelintribüne, mit Feuerschale (heute)

6 DAF- und RAD-Lager / August-Meier-Heim

In einem Wäldchen an der Äußeren Regensburger Straße, direkt angrenzend an das RPT-Gelände, entstand 1937–39 ein großer Wohnkomplex mit einem Hauptgebäude und sieben zusammenhängenden Nebengebäuden. Gedacht waren die Unterkünfte für die Arbeiter der Deutschen-Arbeits-Front (DAF) und des Reichsarbeitsdienstes (RAD) (sowie einer Zahl von Facharbeitern), die zunächst für die Rodung, dann für die Arbeiten an den Bauten des RPT-Geländes eingesetzt wurden. Nach dem Krieg nutzte die US-Army die durch Bombenschäden teilweise zerstörte Wohnanlage als Soldatenunterkunft. Seit 1947 befindet sich darin (unter anderem) ein städtisches Altersheim ("August-Meier-Heim").
→ *Regensburger Straße 380*
Ⓢ *Frankenstadion*

7 "KdF-Stadt" / Clubgelände 1.FC Nürnberg

Die 1937 zum "Reichsparteitag der Arbeit" erbaute "KdF-Stadt" - benannt nach der NS-Organisation "Kraft durch Freude" - befand sich am Rande des Parteitagsgeländes zwischen der jetzigen Schedelstraße und dem Valznerweiher im heutigen Stadtteil Zerzabelshof (abgekürzt Zabo). Sie bestand aus einer Reihe von großen Holzbauten und war als Veranstaltungs- und Festgelände für die Parteitagsbesucher gedacht. Die in Fertigteil-Bauweise hergestellten Hallen (Entwurf Julius Schulte-Frohlinde) waren ein Jahr zuvor noch bei den Olympischen Spielen 1936 in Berlin als Ausstellungsbauten genutzt worden. Nun dienten sie als Festhallen der verschiedenen deutschen Gaue. Im Zentrum der Holz-Stadt befanden sich große Bier- und Weingärten für die diversen Volksfeste sowie ein Glockenturm. Außer einem "KdF-Ferien-

Leni Riefenstahl 1902–2003 - "Triumph des Willens"

Der "Triumph des Willens"

Die Kaufmannstochter Berta Helene Amalie Riefenstahl, geboren am 22. August 1902 in Berlin und allgemein Leni genannt, war auf jeden Fall vielseitig: Tänzerin, Schauspielerin, Spiel- und Dokumentarfilmerin, Regisseurin und Fotografin. Am berühmtesten wurde sie als Lieblings-Filmemacherin von Adolf Hitler. Wobei ihr rasanter Aufstieg eng mit den Nürnberger Reichsparteitagen verknüpft ist. Ähnlich wie > Albert Speer hatte auch Riefenstahl schon vor Hitlers "Machterngreifung" gute Kontakte zur NS-Parteispitze. Das nutzte ihr 1933. Adolf Hitler beauftragte sie, über den Parteitag von 1933 einen Film zu drehen. Der einstündige Streifen kam zwar einige Monate später unter dem Titel "Sieg des Glaubens" in die Kinos, wurde aber bald wieder aus dem Programm genommen und während des gesamten "Dritten Reiches" nicht mehr gezeigt. Der Grund war ein hochpolitischer: Der in dem Film mehrfach direkt neben Hitler zu sehende SA-Chef und Hitler Weggefährte Ernst Röhm war zwischenzeitlich – im Verlauf des so genannten "Röhm-Putsches vom 30. Juni 1934 – auf allerhöchsten Befehl des "Führers" ermordet worden. Riefenstahls Karriere schadete es nicht, im Gegenteil. Nun sollte sie über den Parteitag von 1934 einen noch größeren, noch längeren und - mit einem Stab von 120 Mitarbeitern – noch aufwändigeren Film drehen: "Triumph des Willens" (im Anklang an den "Reichsparteitag des Willens"). Es wurde der bis heute weltweit bekannteste Propagandafilm überhaupt. Riefenstahls dramaturgisch-verdichtende Idee: Sie verkürzte die Parteitagswoche auf drei imaginäre Filmtage und änderte die chronologische Reihenfolge der Ereignisse. 1935 durfte sie schließlich über den "Reichsparteitag der Freiheit" einen dritten Parteitagsfilm drehen, der konsequenterweise "Tag der Freiheit" hieß und im Grunde ein 18 Minuten langer Werbe-Spot für die Wehrmacht war. Leni Riefenstahl wies zeit ihres

Riefenstahl filmt vom Aufzug eines Masts

Lebens jede Kritik zurück, sie habe mit ihren Filmen die nationalsozialistische Ideologie glorifiziert. Das hat sie in der Tat nicht getan, zumindest nicht vordergründig, sondern sie tat das, was jeder gute Werbefilmer tut (und sie war eine geniale Werbefilmerin): Sie glorifizierte ihr Produkt. Und das hieß Adolf Hitler. Weitgehend unbestritten ist heute, dass Riefenstahl eine große Filmkünstlerin war. Die von ihr geschaffene Bild-sprache galt als richtungsweisend, ihre dynamische Schnitttechnik und die innovative Kameraführung waren revolutionär, ihre ästhetisierende Darstellung von Macht und Herrlichkeit in Gestalt mobiler Menschenmassen und muskulöser Männerkörper machte Filmschule (v. a. bei den Propaganda-Filmen anderer totalitärer Regime). Leni Riefenstahl, *"eine Meisterin der verschleiernden Selbstinszenierung"*, die bis zuletzt den *"Mythos vom ahnungslosen Genie"* pflegte ("Der Spiegel"), starb am 8. September 2003 in Pöcking bei München. Sie wurde einhunderteins Jahre alt.

Dreharbeiten für "Triumph des Willens" im Luitpoldhain

Seit 1947 wird das Gelände rund um die Zeppelintribüne als Rennstrecke benutzt, zuerst nur für Motorräder, seit 1960 auch für Sportwagen. Heute findet dort alljährlich im Juli die Deutsche Tourenwagen-Meisterschaft statt (DTM), offizielle Bezeichnung: Norisring Speedweekend. Fahrerlager und Boxengasse befinden sich genau gegenüber der Haupttribüne auf dem Zeppelinfeld.

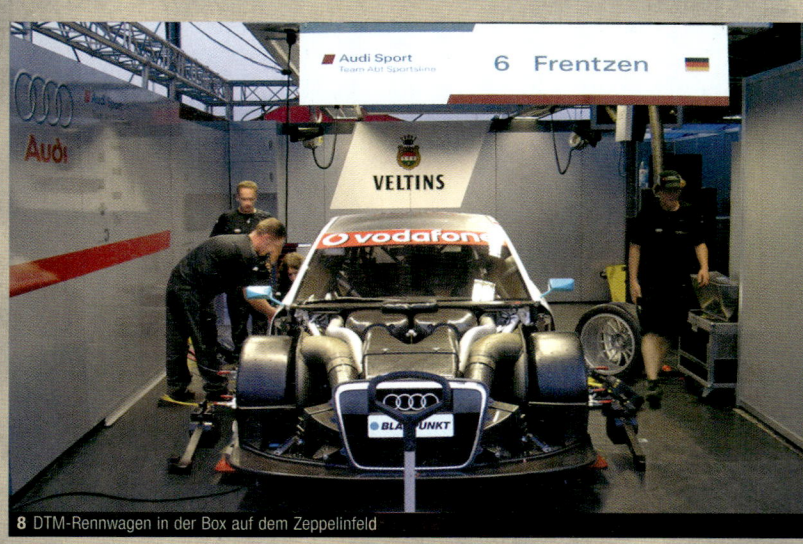

8 DTM-Rennwagen in der Box auf dem Zeppelinfeld

Das Zeppelinfeld - Altar und Rennstrecke

lager" war geplant, in einer der Hallen den von Ferdinand Porsche entwickelten "KdF-Wagen" vorzustellen, der nach dem Krieg als VW-Käfer Karriere machen sollte. 1942 brannte die "KdF-Stadt" nach einem Bombenangriff ab. Heute befindet sich auf dem Areal der "Zabo-Sportpark" des 1.FC Nürnberg, in dem Maxl Morlock (1925–1994), Mitgewinner der WM 1954 und Schütze des wichtigen Anschlusstores im Berner Finale, viele seiner rund 700 Tore für den "Club" geschossen hat.
→ Valznerweiherstraße 200
Ⓢ Frankenstadion

8 Zeppelinfeld und Zeppelintribüne Das mit 289 Metern Länge und 312 Metern Breite fast quadratische Zeppelinfeld - benannt nach dem Grafen Zeppelin, der dort 1909 mit dem dritten seiner Luftschiffe gelandet war – diente seit 1933 den Nationalsozialisten als zentraler Schauplatz für die Inszenierung der Parteitage. Die 1937 fertiggestellte, dem antiken Pergamonaltar nachempfundene Haupttribüne – ein Backsteinbau mit weißer Muschelkalk-Verkleidung – war 340 Meter lang und 25 Meter hoch und galt als

8 Zeppelintribüne. Oben rechts: Sprengung des Hakenkreuzes auf dem Mittelbau durch die US-Armee

Musterbeispiel nationalsozialistischer Staatsarchitektur.
Im Inneren des erhalten gebliebenen Mittelbaus befindet sich eine 335 Quadratmeter große Halle mit einer Raumhöhe von 8 Metern, wegen ihrer glänzenden Decke auch "Goldener Saal" genannt, von der zwei Treppenanlagen zur "Führerkanzel" und zur Ehrentribüne führten. Den von einem vergoldeten Hakenkreuz mit Lorbeerkranz gekrönten Mittelbau flankierten riesige Treppenanlagen mit Pfeilerkolonaden, an deren seitlichem Abschluss zwei Türme aufragten, die metallene Feuerschalen trugen. Die Seitentribünen rings um das rund 100.000 Quadratmeter große Zeppelinfeld waren durch 34 kleine Türme gegliedert, die den martialischen Charakter unterstreichen sollten und zugleich als Toilettenanlagen dienten.
Das von 40.000 Eichen umrahmte Zeppelinfeld konnte weit über 100.000 Menschen aufnehmen; 70.000 Zuschauer – die übrigens bezahlen mussten, und zwar nicht wenig – fanden auf den Tribünen Platz. In der Dramaturgie der Reichsparteitage war das Zeppelinfeld der Schauplatz für große Aufmärsche: am 3. Festtag der Auftritt der 50.000 Männer des Reichsarbeitsdienstes (RAD), am 4. Festtag, dem "Tag der Gemeinschaft", der Auftritt der Sportler, am 5. Tag der Auftritt der "Politischen Leiter" der NSDAP, also der kleinen und mittleren Parteiführer. Dieser 'Amtswalter-Appell' fand regelmäßig in den Abendstunden statt. In dem Moment, in dem der "Führer" mit seinem Mercedes vor der Haupttribüne eintraf, wurden 130 Flugabwehr- (Flak-) Scheinwerfer eingeschaltet, die im Abstand von 12 Meter rings um das Zeppelinfeld aufgestellt und so ausgerichtet waren, dass ihre riesigen Lichtsäulen genau senkrecht in den Himmel strahlten und in sechs Kilometer Höhe eine gigantische Lichtkuppel erzeugten. Der Widerschein dieses von Albert Speer erfundenen "Lichtdoms" war so groß, dass er noch in Frankfurt/Main und Prag zu sehen war, der Stromverbrauch so gewaltig (etwa 40.000 kw/h pro Abend), dass nordöstlich der Haupttribüne ein eigenes > Umspannwerk gebaut werden musste.
Von den "für die Ewigkeit" erbauten Monumenten ist heute nicht mehr viel zu sehen, obwohl sie die zahlreichen Luftangriffe des 2. Weltkriegs nahezu unbeschädigt überstanden hatten. Als erstes entfernten die siegreichen US-Truppen vier Tage nach Einnahme der Stadt das große vergoldete Hakenkreuz auf dem Dach der Haupttribüne. Die – im Film festgehaltene – Sprengung des NS-Hoheitszeichens hatte Symbolkraft: Das "Tausendjährige Reich" war nach nur 12 Jahren untergegangen, die diktatorische Allmacht des "Führerstaates" nur noch Schutt und Asche. 1967 entfernte man die Kolonaden der Haupttribüne, angeblich wegen Einsturzgefahr, die Steine dienen heute als Lärmschutzwall. In den 80er Jahren wurden auch noch die Seitentürme auf halbe Höhe abgetragen. 1984 hat man den "Goldenen Saal" unter der Haupttribüne restauriert und darin eine der zwei riesigen Feuerschalen aufgestellt. Die andere wurde im nahegelegenen > Städtischen Stadion-Bad als Kinderplanschbecken einer neuen Nutzung zugeführt.
Das Zeppelinfeld diente nach dem Krieg in erster Linie der US-Armee als Sport- und Paradeplatz (bis zur Aufgabe des Militärstandorts 1995). Heute wird das Gelände für Motorsport-Veranstaltungen und Pop-Konzerte sowie als Übungsstätte für Freizeitsportler genutzt. Die Rückseite der Tribüne dient als

Squash- und Tennis-Trainingswand, unter der Haupttribüne befindet sich neben der "Goldenen Halle" ein Lager des Nürnberger Motorsportclubs.
→ Zeppelinstraße
Ⓢ Frankenstadion

9 Umspannwerk Regensburgerstraße / Burger King

Das Umspannwerk, ein schmuckloser Zweckbau mit zwei heute noch sichtbaren Umrissen von Reichsadlern an den Stirnseiten (Entwurf Albert Speer), wurde 1936 eigens zu dem Zweck gebaut, das RPT-Gelände mit Strom zu versorgen. Der Energieverbrauch war so hoch, dass es auf den Strombedarf einer Großstadt ausgelegt war. Architektonisches Vorbild waren die Industriegebäude der AEG des Architekten Peter Behrens. Der Trafo-Station an der Regensburger Straße hatte es Albert Speer zu verdanken, dass sein berühmter "Lichtdom" jene immense Strahlkraft entwickeln konnte. Das Werk leistete auch nach dem Krieg lange Zeit weiter gute Umspann-Dienste. Erst vor einigen Jahren hat es den Betrieb eingestellt. Heute befindet sich in einem Teil des Gebäudes eine Filiale der amerikanischen Fastfood-Kette Burger King. → Regensburger Straße 336 Ⓢ Frankenstadion

10 Nürnberger Stadion und Stadionbad

Das Nürnberger (oder Städtische) Stadion, Ende der 80er Jahre in Franken-Stadion und 2006 trotz heftiger Proteste der Fußball-Anhänger noch einmal in Easy-Credit-Stadion umgetauft, stammt eigentlich aus den demokratischen Zeiten der Weimarer Republik und galt damals als *"schönstes Stadion der Welt"* (Entwurf Otto Ernst Schweizer/ Alfred Hensel). Doch nicht wegen seiner anspruchsvollen Architektur hat Albert Speer das Gelände im Bauhaus-Stil in seine Planungen für das RPT-Gelände mit einbezogen, sondern weil er es dringend brauchte: als Provisorium bis zur (nie erfolgten) Fertigstellung des > Deutschen Stadions. Dabei kam ihm entgegen, dass das Nürnberger Stadion von Anfang an als Sport- und Freizeitpark konzipiert war, mit Tennisplätzen, "Jedermann-Sportplätzen", einer Kleingartenanlage, zwei Cafés und einem Schwimmbad (in dem übrigens heute eine der beiden Feuerschalen der > Zeppelin-Tribüne als Kinderplanschbecken dient). Die Nationalsozialisten nutzten das Stadion vornehmlich als Veranstaltungsort für die Aufmärsche und Sportfeste der Hitler-Jugend (HJ). Hier war es, wo Hitler 1935 sein berühmt-berüchtigtes Postulat an den *"deutschen Jungen der Zukunft"* verkündete: Der müsse *"schlank und rank sein, flink wie Windhunde, zäh wie Leder und hart wie Krupp-Stahl"*.

9 Ehem. Umspannwerk des RPT-Geländes (heute)

8 Der von Albert Speer inszenierte Lichtdom war so gewaltig, dass sein Widerschein noch in Prag zu sehen war.

Mit dem Bau des Märzfeldes wurde 1936 begonnen. In den Nachkriegsjahren nutzte es die US-Armee als Truppenübungsplatz und Lagerareal. Mitte der 60er Jahre wurde es an die Stadt zurückgegeben. Diese ließ die 11 fertig gebauten Türme sowie die teilweise fertigen Tribünen sprengen und die Trümmer größtenteils zu Lärmschutzwällen verbauen.

11 Ruinen des Märzfeldes im Stadtteil Langwasser Nord (heute)

Die Ruinen des Märzfeldes

Das 2006 modernisierte Stadion fasst heute knapp 45.000 Zuschauer und wird vor allem vom > 1. FC Nürnberg für seine Bundesliga-Heimspiele genutzt, nachdem das vereinseigene Stadion im Ortsteil Zerzabelshof ("Zabo-Sportpark") dem "Club" zu klein geworden ist. Während der Fussball-Weltmeisterschaft 2006 wurden hier Gruppenspiele und eines der Achtelfinals ausgetragen (Portugal – Niederlande 1:0). → *Max-Morlock-Platz 1* Ⓢ *Frankenstadion*

11 Märzfeld / Stadtteil Langwasser Nord Das Märzfeld war von > Albert Speer als Zielpunkt der "Großen Straße", Manövergelände für die Wehrmacht und größter militärischer Aufmarschplatz des RPT-Geländes geplant. Seinen Namen erhielt es in Anspielung auf den römischen Kriegsgott Mars und in Erinnerung an die Wiedereinführung der allgemeinen Wehrpflicht im März 1935. Das riesige Areal – mit einer Fläche von 955 x 610 Meter größer als 80 Fußballfelder und fünfmal größer als die > Luitpoldarena – sollte das > Zeppelinfeld als provisorischen Veranstaltungsort für Schauinszenierungen, Paraden und Feiern der Wehrmacht ablösen und zur Vorführung von schweren Waffen dienen. Auf den 14 Meter hohen Walltribünen sollten 160.000 Menschen Platz finden. 24 massive Türme, jeweils 38 Meter hoch und mit Travertin ummantelt, sollten die Tribünen symmetrisch gliedern

11 Modellansicht der Hauptribüne des Märzfeldes

und mit ihrem wehrturmartigen Aussehen das Märzfeld wie ein Festungsring umrahmen. Die insgesamt etwa 60 Meter hohe Mitteltribüne sollte von einer kolossalen Figurengruppe (Entwurf Josef Thorak) gekrönt werden, deren Mittelpunkt eine 12 Meter hohe Siegesgöttin bildete. Der 1938 begonnene, bereits zu einem Drittel fertiggestellte Ausbau des Märzfelds wurde bei Kriegsbeginn 1939 eingestellt. Heute befindet sich auf dem Märzfeld-Gelände die Langwasserwiese sowie ein Teil der Trabantenstadt Langwasser.
→ Karl-Schönleben-/Gleiwitzer-/Otto-Bärnreuther-Straße
Ⓤ Langwasser Nord

12 Wasserausgleichsturm Hoher Bühl

Der von einem quadratischen Turm aus Buckelquader-Mauerwerk umgebene Wasserbehälter Ecke Oelser-/Breslauer Straße (Entwurf Albert Speer) aus 1936/37 hatte die Funktion, die Besucher des RPT-Geländes mit Trinkwasser zu versorgen. Er ist teilweise erhalten, aber nicht mehr in Betrieb.
→ Oelser-/Breslauer Straße
Ⓢ Fischbach

13 SA-Lager, Kriegsgefangenenlager Stalag XIII D und Oflag 73 / Stadtteil Langwasser-Süd

Das Gelände südlich des Bahnhofs Märzfeld diente während der Reichsparteitage als Feldlager. Dort brachten die SA und die SS, aber auch andere NS-Organisationen wie die HJ und der RAD, ihre Teilnehmer in Zelten und Baracken unter. Das streng symmetrisch angelegte Lager verfügte über eine eigene Strom- und Wasserversorgung und hätte im Endausbau 500.000 Parteitagsteilnehmern Unterkunft bieten sollen.
Ab 1939 richtete man einen Teil des Areals als Lager für Zwangsarbeiter, einen anderen Teil als Lager für Kriegsgefangene ein. In diesem Stalag (= Stammlager) XIII D und Oflag (= Offizierslager) 73 waren bis zu 30.000 Menschen verschiedenster Nationen zusammengepfercht, Tausende von ihnen kamen wegen mangelhafter Ernährung und unzureichender Unterkunft ums Leben. Nach Kriegsende dienten die Baracken zunächst als amerikanisches Internierungssowie als internationales Flüchtlingslager ("Valka-Lager"), später als Bundessammellager für Ausländer. Ab den 1950er Jahren entstand auf dem Lagerareal sowie auf angrenzenden Teilen des RPT-Geländes die Trabantenstadt Langwasser, das damals größte Stadterweiterungs-Projekt in der ganzen Bundesrepublik. Hier wohnen heute rund 35.000 Menschen; das Baugebiet P wurde 1987 das erste autofreie Wohnviertel.
→ Gleiwitzer-/Liegnitzer-/Glogauer-/Breslauer Straße Ⓤ Langwasser Mitte

Plakat des letzten Reichsparteitages

14 Bahnhof Dutzendteich

Zur Infrastruktur des riesigen Reichsparteitagsgeländes am südöstlichen Stadtrand Nürnbergs – es umfasste rund ein Sechstel des gesamten Stadtgebiets – gehörten schnelle Verkehrsanbindungen für die Teilnehmerströme der alljährlichen Massenveranstaltungen. Das bedeutete, dass neben den Reichsautobahnen auch die Bahnhöfe auf RPT-Format gebracht werden mussten. Dies geschah durch den Neubau der Empfangsbahnhöfe

Zu Beginn des 2. Weltkriegs wurde das Märzfeld umfunktioniert: das SS-Lager in ein Zwangsarbeiterlager für die > MAN, das SA-Lager in ein Kriegsgefangenenlager für 30.000 Menschen. Wachtürme und ein doppelter Stacheldrahtzaun sollten Fluchtversuche verhindern.
Auch die gefangenen Soldaten mussten, bis auf die Offiziere, Zwangsarbeit leisten.

16 Fast 2.000 Juden wurden vom Bahnhof Märzfeld in Konzentrationslager nach Osteuropa deportiert.

Vom Märzfeld ins Konzentrationslager

Dutzendteich und > Märzfeld, die Errichtung von Entlastungsbahnhöfen wie dem Bahnhof Zollhaus sowie durch die Anbindung der Bahngleise an die Reichsautobahn.
Der Bahnhof Dutzendteich liegt direkt bei der > Zeppelintribüne. Das alte Gebäude aus 1871 wurde 1934–1936 ausgebaut. Da das Empfangsgebäude relativ klein dimensioniert war, wurden bei Massenveranstaltungen zur schnelleren Abfertigung der Fahrgäste zusätzlich 18 Hilfsbuden aufgestellt. Die Bahnsteigdächer waren im stilvollen farblichen Kontrast zum grünen Hauptbau rot gestrichen.
Der Bahnhof sollte nämlich als *"besonders gutes Beispiel vom Zusammenwirken zweier grundverschiedener Elemente gelten: Heimatbau mit landschaftlicher Charakteranpassung und Verkehrsbau mit den neuesten technischen Errungenschaften"* (Die Bauzeitung 1934). In dem inzwischen stillgelegten Bahnhof befindet sich heute eine Gaststätte. → *Zeppelinstraße 5*
Ⓢ *Frankenstadion*

15 Bahnhof Zollhaus
Der Bahnhof an der Klenzestraße im Südwesten des RPT-Geländes (Eröffnung 1937) war als so genannte Entlastungsstation vorgesehen und deshalb im Gegensatz zu Empfangsbahnhöfen wie Dutzendteich und Märzfeld als reiner Zweckbau ausgeführt. Deshalb durften hier auch moderne Formen wie Flachdächer und abgestufte Kuben mit verglasten Ecken gebaut werden. Der Bahnhof ist erhalten. Nach verschiedenen Nutzungen steht er heute leer. → *Klenzestraße*
Ⓤ *Messe*

Der Bildhauer Josef Thorak plante Großes: *Statt des üblichen Reichsadlers sollte auf der Haupttribüne* 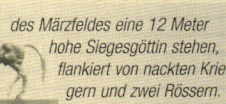 *des Märzfeldes eine 12 Meter hohe Siegesgöttin stehen, flankiert von nackten Kriegern und zwei Rössern.*

REICHSPARTEITAGGELÄNDE 67

16 Bahnhof Märzfeld Der Bahnhof am Volkspark Dutzendteich (Eröffnung 1938) lag zwischen dem > Märzfeld (heute Langwasserwiese) und den provisorischen Lagerbauten für die Unterbringung von RPT-Teilnehmern (> SA-Lager, heute Trabantenstadt Langwasser). Er war als Empfangsbahnhof geplant, wurde nur einmal, 1938, bei einem RPT genutzt, aber nie ganz fertiggestellt. In Stil und kulissenhafter Wirkung sollte er den monumentalen Speer-Bauten auf dem RPT-Gelände gleichen. So wurde z. B. ein langgezogenes Empfangsgebäude nur vorgetäuscht: durch eine langgezogene Fassadenwand aus Natursteinquadern (die "Mauer"), hinter der sich der Bahndamm befand.
Nach Kriegsbeginn diente der Bahnhof auch zum Transport von Kriegsgefangenen und war für fast 2.000 Juden aus Franken die letzte Station vor der Deportation in die Konzentrations- und Vernichtungslager. Organisiert wurden die Deportationen des 29. November 1941 und 24. März 1942 vom Nürnberger Gestapo-Chef Dr. Benno Martin. Auch Alte und Kranke mussten ihre Koffer mehrere Kilometer weit vom Sammellager in Langwasser bis zum Bahnhof schleppen. Dabei wurden sie von den Wachposten fotografiert und verhöhnt.
Nur 17 von 940 deportierten Nürnberger Juden überlebten das KZ.
Die Station wurde 1957 in Bahnhof Langwasser umbenannt, 1988 hat man den Personenverkehr dort eingestellt. Seitdem wächst das Gelände langsam zu und verfällt nach und nach. Noch vorhanden sind die 60 Meter langen und 10 Meter breiten Unterführungen und die Treppenaufgänge sowie die Warte- und Schalterhalle. Die "Mauer" wurde dagegen weitgehend abgetragen. → *Groß-Strehlitzer-Straße*
Ⓤ *Scharfreiterring*

11 Modell des Märzfeldes, dahinter Deutsches Stadion und Zeppelinfeld

11 Info-Tafeln in Langwasser Nord

11 Ruinen des Märzfeldes

13 Endlose Zeltreihen im SA-Lager während der Reichsparteitage

14 Ehem. Bahnhof Dutzendteich, heute Gaststätte

68 NÜRNBERGER PROZESSE

Reichsmarschall Hermann Göring im Zeugenstand des Hauptkriegsverbrecherprozesses

Die Nürnberger Prozesse

Als die alliierten Siegermächte am Ende des 2. Weltkriegs allmählich die Ausmaße der Verbrechen des NS-Regimes erkannten, kamen sie überein, sich mit einer einfachen Kapitulation der deutschen Verlierer nicht zu begnügen. Die für diesen Krieg und das millionenfache Leid Verantwortlichen sollten vor ein internationales Militärtribunal gestellt werden. Das Gerichtsverfahren gegen die deutschen Hauptkriegsverbrecher ist als "Nürnberger Prozess" in die Geschichte eingegangen. Es begann am 20. November 1945, endete am 1. Oktober 1946 und war ein historisches Weltereignis. Schließlich wurde damals die Grundlage für ein neues Völkerrecht geschaffen. Erstmals in der Geschichte der Menschheit wurde das gesamte Spitzenpersonal eines diktatorischen Unrechtsstaates persönlich zur Verantwortung gezogen. Der Chefankläger der USA, Robert Jackson, brachte in seiner berühmten Eröffnungsrede das neue Rechtsdenken auf den Punkt: *"Verbrechen gegen internationales Recht werden von Menschen begangen, nicht von abstrakten Wesen."* Vorsitzender des Gerichts, dem je ein Vertreter der Siegermächte angehörte, war der britische Lord-Richter G. Lawrence. Die Anklage konzentrierte sich auf vier Punkte: Verschwörung gegen den Frieden, Führung eines Angriffskrieges, Kriegsverbrechen und Verbrechen gegen die Menschlichkeit. Verhandelt wurde in den Sprachen Deutsch, Englisch, Russisch und Französisch.

US-Chefankläger Robert H. Jackson (1892–1954) war Richter am Obersten Gerichtshof der Vereinigten Staaten, als ihm US-Präsident Truman im April 1945 anbot, oberster Ankläger der USA im Prozeß gegen die deutschen Hauptkriegsverbrecher zu werden. Er nahm die Offerte "ausserordentlich erfreut" an, weil er die Chance sah, in die Geschichte einzugehen, und er ging.

Blick vom Zuschauerbalkon in den umgebauten Schwurgerichtssaal 600 (1945)

Das Weltgericht in Nürnberg

Juristisch war der so genannte Hauptkriegsverbrecher-Prozess ein Meilenstein in der Geschichte des Völkerrechts, organisatorisch ein Mammutverfahren: Die 23 Angeklagten wurden von 27 Hauptverteidigern, 54 Assistenten und 67 Sekretärinnen juristisch betreut. 360 Zeugen wurden teils mündlich, teils schriftlich vernommen, etwa 200.000 eidesstattliche Erklärungen ("Affidavits") als Beweismittel verwertet. Für die Vervielfältigung aller Dokumente in die vier Verhandlungssprachen waren 5 Millionen Blatt Papier erforderlich. Das Wortprotokoll der 218 Verhandlungstage wurde auf 7000 Schallplatten und 27.000 Metern Tonband festgehalten. Rund 250 Journalisten aus aller Welt waren als Prozessbeobachter akkreditiert.

Nach 11 Monaten verkündeten die Richter am 1. Oktober 1946 die Urteile. Zwölf Angeklagte wurden zum Tode durch den Strang verurteilt (Göring, von Ribbentrop, Keitel, Kaltenbrunner, Rosenberg, Frank, Frick, Streicher, Sauckel, Jodl, Seyß-Inquart und Bormann in Abwesenheit). Drei erhielten "Lebenslänglich" (Heß, Funk und Raeder). Vier wurden zu langjährigen Haftstrafen verurteilt (Speer, von Schirach, von Neurath, Dönitz), drei freigesprochen (Schacht, von Papen, Fritzsche). Die Hinrichtungen fanden in den frühen Morgenstunden des 16. Oktober 1946 in der (1987 abgebrochenen) Turnhalle des Gerichtsgefängnisses statt. Die Häftlinge Rudolf Heß und Albert Speer (der selbst der Todesstrafe nur knapp entkommen war, dank eines Patts im Richterkollegium) muss-

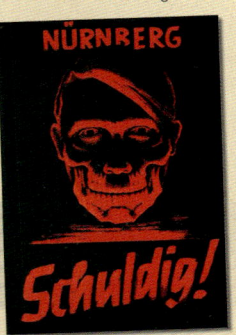

"Die Nürnberger Prozesse haben zum ersten Mal in der Weltgeschichte grausamen Machthabern gezeigt, dass auch sie zur Verantwortung gezogen werden. Irgendwann holt sie ihr Schicksal ein." (Arno Hamburger, Vorsitzender der Israelitischen Kultusgemeinde in Nürnberg)

NÜRNBERGER PROZESSE

ten später auf Befehl des US-amerikanischen Gefängnisdirektors Andrus den Boden der Turnhalle schrubben, um die blutigen Spuren zu beseitigen.
Hermann Göring hatte sich wenige Stunden vor dem Hinrichtungstermin durch den Biss auf eine Zyankali-Kapsel das Leben genommen. Wer ihm das Gift zukommen ließ, ist bis heute nicht restlos geklärt. In seinem Abschiedsbrief schrieb Göring: *"Es ist nicht möglich den Deutschen Reichsmarschall durch den Strang zu richten"*.
Die Leichen der Gehenkten wurden in einem Münchener Krematorium verbrannt, die Asche in einen Nebenarm der Isar, den Conwentzbach, gestreut.
Die zu Haftstrafen Verurteilten wurden 1947 nach Berlin-Spandau in das Alliierte Kriegsverbrechergefängnis verlegt, wo der letzte von ihnen, der "Stellvertreter des Führers" Rudolf Heß, 1987 Selbstmord beging.

US-Wachpersonal im Gefängnistrakt des Justitzpalastes

**"Die Angeklagten sind solch unermesslicher Verbrechen beschuldigt, dass bloße Einzelfälle von Verbrechenstatbeständen im Vergleich dazu unbedeutend erscheinen. Die Beschuldigung, kurz gesagt, ist die der bewussten Teilnahme an einem über das ganze Land verbreiteten und von der Regierung organisierten System der Grausamkeit und Ungerechtigkeit unter Verletzung der Kriegsgesetze und der Gesetze der Menschlichkeit, begangen im Namen des Rechts unter der Autorität des Justizministeriums und mit Hilfe der Gerichte.
Der Dolch des Mörders war unter der Robe des Juristen verborgen."**
(Aus dem Urteil des Juristenprozesses, 1947)

Übersetzerin

Karl Dönitz wird vereidigt

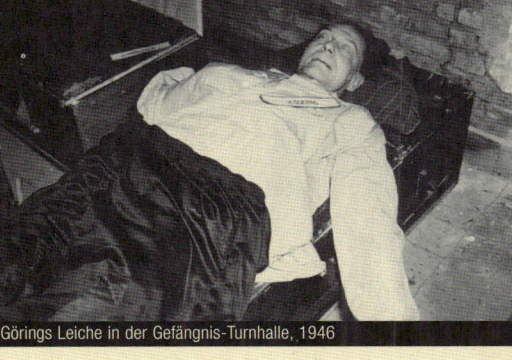
Görings Leiche in der Gefängnis-Turnhalle, 1946

Die Hauptkriegsverbrecher

Unten von links: Göring, Heß, v. Ribbentrop, Keitel, Kaltenbrunner, Rosenberg, Frank, Frick, Streicher, Funk, Schacht

Hermann Göring (1893–1946) u.a. Reichsmarschall, Oberbefehlshaber der Luftwaffe - *Todesurteil, Selbstmord* - **Rudolf Heß (1894–1987)** "Stellvertreter des Führers" - *Lebenslänglich, Selbstmord* - **Joachim von Ribbentrop (1893–1946)** Reichsaußenminister - *Todesurteil* - **Wilhelm Keitel (1882–1946)** Generalfeldmarschall, Chef des Oberkommandos der Wehrmacht - *Todesurteil* - **Ernst Kaltenbrunner (1903–1946)** Chef des RSHA, der Sicherheitspolizei und des SD - *Todesurteil* - **Alfred Rosenberg (1893–1946)** Reichsminister für die besetzen Ostgebiete - *Todesurteil* - **Hans Frank (1900–1946)** Generalgouverneur in Polen - *Todesurteil* - **Wilhelm Frick (1877–1946)** u.a. Reichsprotektor von Böhmen/Mähren - *Todesurteil* - **Julius Streicher (1885–1946)** Gauleiter von Franken - *Todesurteil* - **Walther Funk (1890–1960)** u.a. Reichswirtschaftsminister - *Lebenslänglich, vorzeitig entlassen* - **Hjalmar Schacht (1877–1970)** Reichsbankpräsident - *Freispruch* - **Karl Dönitz (1891–1980)** Großadmiral, Oberbefehls-

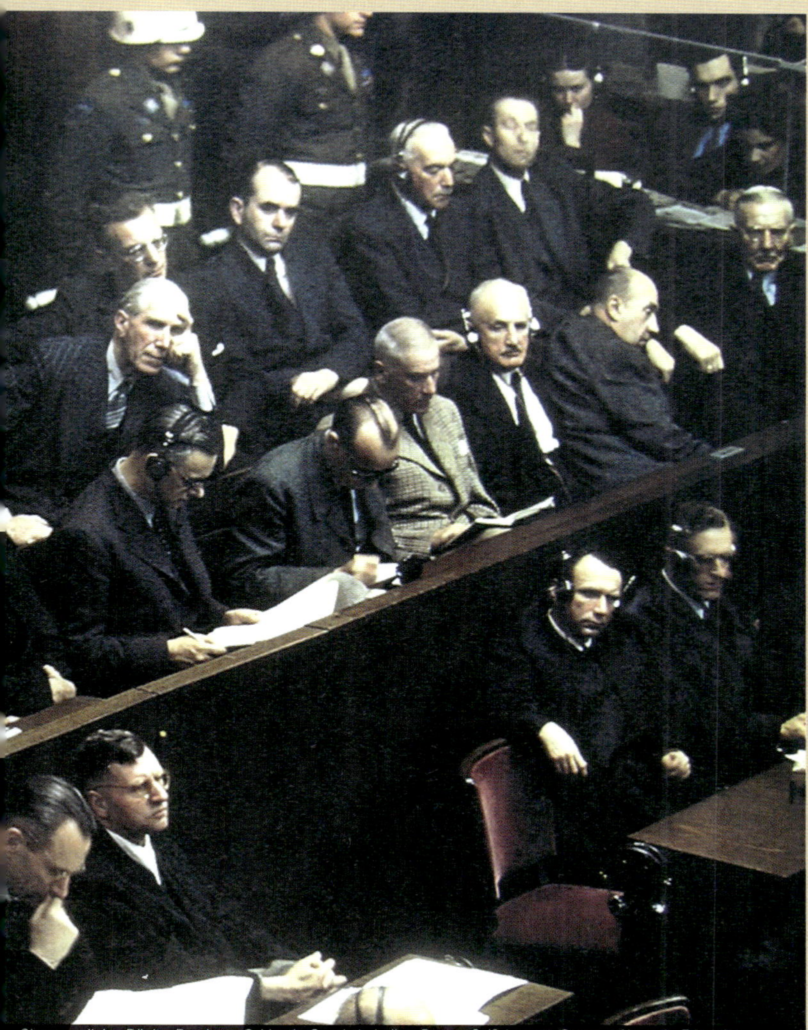

Oben von links: Dönitz, Raeder, v. Schirach, Sauckel, Jodl, v. Papen, Seiß-Inquart, Speer, v. Neurath, Fritzsche

haber der Kriegsmarine ab 1943, Nachfolger Hitlers - *10 Jahre* - **Erich Raeder (1876–1960)** Oberbefehlshaber der Kriegsmarine bis 1943 - *Lebenslänglich, vorzeitig entlassen* - **Baldur von Schirach (1907–1974)** u.a. Reichsjugendführer - *20 Jahre* - **Fritz Sauckel (1894–1946)** Generalbevollmächtigter für den Arbeitseinsatz - *Todesurteil* - **Alfred Jodl (1890–1946)** Chef des Wehrmachtsführungsstabs - *Todesurteil* - **Franz von Papen (1879–1969)** Vizekanzler im ersten Kabinet Hitler, Deutscher Botschafter in Wien und Ankara - *10 Jahre* - **Arthur Seyß-Inquart (1892–1946)** Reichskommissar in den Niederlanden - *Todesurteil* - **Albert Speer (1905–1981)** Generalbauinspekteur für Berlin, Reichsminister für das Straßenwesen sowie für Rüstung und Kriegsproduktion - *20 Jahre* - **Konstantin von Neurath (1873–1956)** Reichsaußenminister, Reichsprotektor von Böhmen/Mähren - *15 Jahre, vorzeitig entlassen* - **Hans Fritzsche (1900–1953)** Leiter der Rundfunkabteilung im Propagandaminsterium - *Freispruch*

Raeder Schirach Sauckel Jodl Papen Seiß-Inquart Speer Neurath Fritzsche

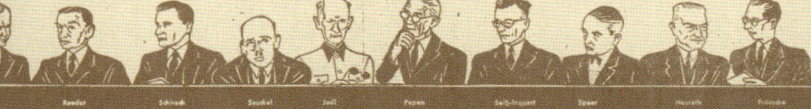

Der Einsatzgruppen-Prozess zeigte eine bis dahin unbekannte Dimension des NS-Völkermordes auf. Die Täter waren genauso gnadenlos wie uneinsichtig. Paul Blobel, Führer eines Sonderkommandos und zum Tode verurteilt: "Nun haben mich Disziplin und Treue an den Galgen gebracht." Links: Die Einsatzgruppe D bei einer Massenerschiessung im ukrainischen Ort Winniza.

Otto Ohlendorf, ehem. Leiter der Einsatzgruppe D, verantwortlich für den Tod von 90.000 Menschen

Die Nürnberger Nachfolgeprozesse

Dem Internationalen Hauptkriegsverbrecher-Prozess folgten zwischen 1946 und 1949 zwölf weitere Verfahren vor US-Militärgerichten gegen hochrangige Mediziner, Juristen und Industrielle, SS- und Polizeiführer, Militärs, Beamte und Diplomaten (die sog. Nachfolgeprozesse). Das erste dieser Folgeverfahren war der "Ärzte-Prozess" (Hauptangeklagter Dr. med. Karl Brandt), er begann am 9. Dezember 1946, das letzte der sog. Wilhelmstraßen-Prozess gegen Beamte des Auswärtigen Amtes und anderer Ministerien (Hauptangeklagter Ernst von Weizsäcker), er endete am 14. April 1949. Von den insgesamt 177 Angeklagten wurden 24 zum Tode verurteilt, 20 zu lebenslänglicher Haft, 98 zu Freiheitsstrafen zwischen 18 Monaten und 25 Jahren. 35 Angeklagte wurden freigesprochen, viele der Verurteilten in den 1950er Jahren begnadigt, darunter auch der als "Scharfrichter" berüchtigte Nürnberger Jurist Oswald Rothaug.

Der wohl grausigste der Nürnberger Nachfolgeprozesse war das Verfahren *"Vereinigte Staaten gegen Ohlendorf und andere"*, besser bekannt als Einsatzgruppen-Prozess. Beobachter bezeichneten ihn später als den *"größten Mordprozess der Geschichte"*. Die "Einsatzgruppen" waren vier mobile Tötungseinheiten mit etwa 3.000 Männern der Sicherheitspolizei und des SD (des Sicherheitsdienstes

Dr. Karl Brandt, Angeklagter Nr. 1 im Ärzteprozess. Er war die höchste medizinische Autorität des NS-Regimes, Leibarzt Hitlers, SS-General, treibende Kraft im Euthanasie-Programm und bei Menschenversuchen.

NÜRNBERGER PROZESSE

der SS), die vom Beginn des Russland-Feldzuges an den Armeen der Wehrmacht auf ihrem Marsch gen Osten gefolgt waren. Ihr Auftrag lautete: Liquidierung des *"jüdischen Bolschewismus"* und Ausmerzung *"radikaler Elemente"*. Die Zahl ihrer Opfer: über 1 Million.

23 Angehörige der Einsatzgruppen mussten sich ab September 1947 in Nürnberg verantworten. Keiner zeigte Reue. Der Prominenteste war der ehem. Chef der Einsatzgruppe D, Otto Ohlendorf, ein Wirtschaftsexperte, der bereits

v. Weizsäcker vorne links auf der Anklagebank im Wilhelmstraßen-Prozess

"In dem Jahre von Juni 1941 bis Juni 1942 sind von den Einsatzkommandos etwa 90.000 als liquidiert gemeldet worden." *(Otto Ohlendorf im Verhör während des Einsatzgruppenprozesses, 1948)*

Ex-Geheimdienstchef Schellenberg

Nürnberg, 1946 ein Zentrum der Welt

als Zeuge im Hauptkriegsverbrecher-Prozess zugegeben hatte, es sei seine Aufgabe gewesen, alle *"erfassten rassisch und politisch unerwünschten Elemente"* zu töten, die als Sicherheitsrisiko galten. Das Gericht verurteilte 14 Angeklagte zum Tode, darunter auch Ohlendorf, der im Juni 1951 hingerichtet wurde. 10 der Todesurteile wurden später in Haftstrafen umgewandelt.

Ex-Reichskanzleichef Lammers: vom Gerichtssaal zurück zur Gefängniszelle

---

Spencer Tracy, Maximilian Schell, Judy Garland, Marlene Dietrich, Burt Lancaster ...

Das "Urteil von Nürnberg"

Das bis in die Nebenrollen exquisit besetzte US-Drama aus dem Jahr 1961 (Originaltitel "Judgment at Nuremberg") gilt als Klassiker des Gerichtsfilms. Sein Thema ist der Nürnberger Juristenprozess. Eine wichtige Rolle spielt darin der skandalöse "Rassenschande"-Prozess gegen Leo Katzenberger. Die Zeugenaussage von Irene Seiler, alias Irene Hoffmann (Judy Garland), stellt einen der dramatischen Höhepunkte der Handlung dar. Für Maximilian Schell, der einen deutschen Verteidiger spielt und als bester Hauptdarsteller 1962 dafür mit dem Oscar ausgezeichnet wurde, war dieser Film der Beginn einer Weltkarriere.

1 Zerstörtes MAN-Werksgelände (1945), rechts: MAN-Gründer Theodor Freiherr von Cramer-Klett

Außenbezirke

Nürnberg war im "Dritten Reich" nicht nur die Stadt der Reichsparteitage und Rassegesetze, sondern auch der Kampfpanzer und Flak-Scheinwerfer, der Zweizentimeter-Hülsen und Munitionszünder – und deshalb nicht ganz zufällig eines der häufigsten Anflugsziele der alliierten Bomberverbände im 2. Weltkrieg. Gewiss, die Außenbezirke der Stadt haben auch Erfreuliches zu bieten wie zum Beispiel den Tiergarten am Schmausenbuck oder den inzwischen zum Kunstwerk umgewandelten Bleiweißbunker. Dominierend – zumindest aus PastFinder-Sicht – sind aber die großen Rüstungsunternehmen in Nürnbergs Peripherie, die dafür gesorgt haben, dass Adolf Hitler und seinen Generälen sechs Jahre lang nicht die Waffen und die Munition dazu ausgingen für ihren mörderischen Krieg gegen die halbe Welt. Zu nennen ist hier vor allem der traditionsreiche MAN-Konzern, der in seinen zu Kriegsbeginn neu erbauten Werkshallen an der Frankenstraße nicht nur Lastwagen und Motoren für Panzer baute, sondern auch die Panzer selbst. MAN büßte dafür mit der nahezu totalen Zerstörung seines Nürnberger Werkes durch die alliierten Bomber.

Da war die Munitionsfabrik der Dynamit AG schon etwas besser geschützt. Man hatte sie gleich in den Untergrund gebaut. Von den 28 Werkshallen mit mehreren unterirdischen Geschossen waren nur die Betondecken von außen zu sehen.

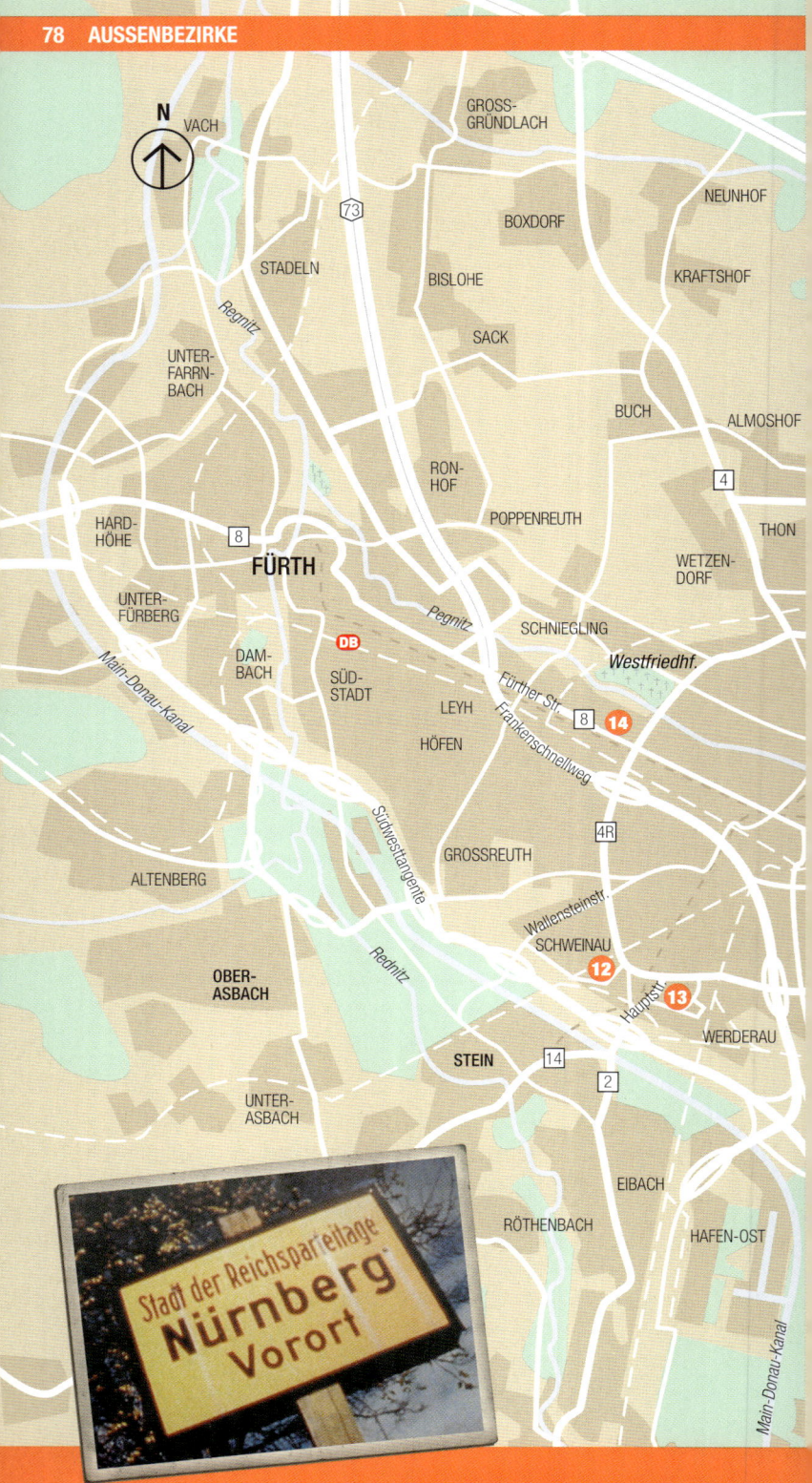

AUSSENBEZIRKE 79

Die MAN war einer der wichtigsten Rüstungsbetriebe in Nürnberg. Neben dem Panzer V Panther und dem Tiger I, wurde im Frühjahr 1945 auch der Jagdpanther hergestellt. Bewaffnet war dieser "Heavy Tank Killer", wie ihn die Alliierten nannten, mit der 88 mm Kanone des Königstigers, motorisiert mit einem 700 PS starken Maybach Motor. Sein flaches Profil sollte ihn vor feindlichem Beschuss schützen.

1 US-Soldat in den zerstörten Werkshallen der MAN, im Hintergrund ein halbfertiger *Jagdpanther*, 1945

Panther, Tiger & Co: die MAN in Nürnberg

1 MAN Panzer- und Motorenfabrik / MAN-Werk Die traditionsreiche Maschinenfabrik Augsburg-Nürnberg AG (MAN), einstmals hervorgegangen aus der Maschinenfabrik Cramer-Klett, dem lange Zeit größten Industrieunternehmen Nürnbergs, zählte zu den wichtigsten Rüstungsunternehmen der Stadt – und konsequenterweise zu den wichtigsten Angriffszielen der Alliierten während des 2. Weltkriegs. In den ab 1939 neu erbauten Werkshallen an der Frankenstraße im Ortsteil Gibitzenhof wurden im Wehrmachtsauftrag Lastwagen und Motoren für Panzerkampfwagen produziert, vor allem aber Panzer selbst: in den Vorkriegsjahren die leichten Panzer I und II, in den ersten Kriegsjahren der mittelschwere Kampfpanzer III und ab 1942 hauptsächlich der schwere Kampfpanzer V *Panther* aber auch der *Jagdpanther* und der *Tiger I*. Nach Einschätzung von Militärexperten zählte der

"Der Panzerknacker" war ein kleines, illustriertes Merkheft für deutsche Soldaten mit Lernhilfen zur Erkennung und Bekämpfung feindlicher Panzer: "Erst merke Dir den eleganten/ mit schrägen Flächen, runden Kanten,/ 5 Rollen, den studiere fleißig,/ denn das ist der T 34."

AUSSENBEZIRKE 81

Panther zu einer der besten Großpanzer des 2. Weltkriegs. Entwickelt wurde er von der MAN, um dem 1941 erschienen sowjetischen T 34 einen mindestens ebenbürtigen Tank entgegenzusetzen.
Das Werksgelände in Nürnberg wurde im Krieg zerstört, jedoch nach 1947 wieder aufgebaut. Es wird heute von der MAN-Energie GmbH genutzt. → *Franken-, Katzwanger-, Ulmenstraße* Ⓤ *Frankenstraße*

2 Siemens-Schuckert-Werke "Nerzbau"
Die Siemens-Schuckertwerke (SSW), mit Stammwerk in der Innenstadt, gehörten im 2. Weltkrieg mit zu Nürnbergs kriegswichtigsten Unternehmen (mit entsprechend hohem Anteil an Zwangsarbeitern). Das Rüstungsgeschäft war dem Unternehmen so wichtig, dass es 1938/39 im vermeintlich weniger bombengefährdeten Süden der Stadt unter dem Tarnnamen "Nerzbau" ein Zweigwerk errichtete, wo im Auftrag des Reichsluftfahrt-Ministeriums Transformatoren und leistungsstarke Flak-Scheinwerfer produziert wurden. Beim Luftangriff vom 8./9. März 1943 brannte das Trafo-Werk fast völlig aus. Doch bereits im Sommer 1944 wurden an gleicher Stelle neue Werkshallen in modernster Stahlbeton-Bauweise errichtet.
→ *Katzwanger Straße 150*
Ⓤ *Hasenbuck*

3 Südfriedhof
In den ersten Luftkriegsjahren veranstaltete die Gauleitung der NSDAP im "Heldenhain" des Südfriedhofs noch regelmäßig pompöse Trauerfeiern für die Opfer der Luftangriffe. Die Musik stammte dabei meistens aus der "Götterdämmerung" von Richard Wagner, während sich die hasserfüllten Propaganda-Reden fast immer gegen das Weltjudentum und die *"anglo-amerikanischen 'Mordbrenner"* richteten.
Im Südfriedhof findet man heute einen Gedenkstein mit russischer Inschrift, der an 3.554 sowjetische Opfer erinnert, die im > Kriegsgefangenenlager Langwasser zu Tode gekommen sind.
→ *Julius-Loßmann-Straße 53*
Ⓤ *Hasenbuck*

4 Bahnhof Nürnberg-Fischbach
Der Bahnhof Fischbach (Eröffnung 1940) liegt in der südöstlichen Peripherie Nürnbergs (Entwurf Hans Weiß), in unmittelbarer Nähe der Reichsautobahn Nürnberg-Berlin, und war wie die direkt am RPT-Gelände gelegenen >Bahnhöfe Dutzendteich und Märzfeld als Empfangsbahnhof für die Teilnehmer an den alljährlichen Parteitagen gedacht. Von hier aus waren die großen Massenunterkünfte im Südosten des RPT-Geländes günstig zu erreichen. Wie der Bahnhof Dutzendteich ist auch der Bahnhof Fischbach im repräsentativen "Heimatbau"-Stil errichtet: steiles Satteldach, altfränkische Bauformen, bodenständige Materialien und handwerkliche Detailarbeiten. Der Bahnhof ist erhalten und wird weiter genutzt.
→ *An der Bahnlinie 5*
Ⓢ *Fischabch*

1 Alte Werksuhr bei MAN (heute)

1 Werkshalle der MAN (1940)

Ein Panzer V Panther verlässt 1943 das MAN-Werk in Nürnberg-Gibitzenhof.

Die 45. US-Infanteriedivision befreite am 18. April 1945 mit der Einnahme der SS-Kaserne Nürnberg von der Herrschaft des Hakenkreuzes. Diese Einheit trug zuvor 15 Jahre lang selbst die Swastika als Insignie auf der Uniform, allerdings als indianisches Glückssymbol. Seit 1933 wurde das Zeichen weltweit fast nur noch mit den Nationalsozialisten assoziiert und die Division entschied sich deshalb für den "Thunderbird" als neues Emblem.

5 SS-Kaserne nach dem Kriegsende in Nürnberg im April 1945

Das Tor zum Reichsparteitaggelände

5 SS-Kaserne / Bundesamt für Migration und Flüchtlinge Die Kaserne der Waffen-SS (Entwurf Franz Ruff) gilt vielen als eines der monumentalsten NS-Bauwerke Nürnbergs. Die Lage am "Einfallstor zum Reichsparteitagsgelände", die riesigen Abmessungen des Hauptgebäudes (in repräsentativer Muschelkalkverkleidung) und der zwei Seitenflügel (aus Sichtmauerwerk), mit Innenhof, Exerzierplatz und Nebengebäuden, sowie das wuchtige Hauptportal in Form eines Triumphbogens sollten den ewigen Herrschaftsanspruch der SS als bewaffneter Teil der NSDAP signalisieren. Der 1937 nach einer längeren Planungsphase begonnene und im Juni 1939 vollendete Bau ist vermutlich auf eine Initiative des Reichsführers SS Heinrich Himmler zurückgegangen. Der soll sich in der Nähe des Reichsparteitagsgeländes eine repräsentative Großkaserne gewünscht haben, in der er während der Reichsparteitage die SS-Leibstandarte "Adolf Hitler" stationiert haben wollte. Doch dazu kam es nicht

5 Thunderbird-Divisions-Zeitschrift

mehr, weil Hitler drei Monate nach Einweihung der Kaserne den 2. Weltkrieg begann und kein Reichsparteitag mehr stattfand. Während des Kriegs war die Kasernen-Anlage ständig mit

Bildhauer Kurt Schmid-Ehmen (1901–1968) hatte sich im "Dritten Reich" auf Reichsadler spezialisiert. Sowohl der an der SS-Kaserne als auch die beiden am > Luitpoldhain stammten von ihm. Der Künstler blieb dem Vogel-Motiv treu: Noch kurz vor seinem Tod vollendete er das gussfertige Modell eines monumentalen Phönix.

Truppen belegt, diente aber auch als Außenlager der > Konzentrationslager Flossenbürg und Dachau. Die KZ-Häftlinge mussten Bomben entschärfen und Trümmergrundstücke räumen oder wurden an Nürnberger Firmen verliehen.

Nach dem Krieg wurden in den Kasernengebäuden zunächst "Displaced Persons" (ehem. ausländische Zwangsarbeiter) untergebracht, die nicht sofort in ihre Heimatländer zurückkehren konnten oder wollten. Dann, 1947, bezog die US-Army die Kaserne, taufte sie in *Merrell Barracks* um und gab sie erst 1992 an die Bundesrepublik Deutschland zurück. Fast 40 Jahre lang, von 1952 bis 1992, war hier eines der ältesten noch existierenden US-amerikanischen Regimenter, das 2. Panzeraufklärungs-Regiment (2nd Armored Cavalry Regiment), stationiert.

Seit 1996 ist im Hauptgebäude das Bundesamt zur Anerkennung ausländischer Flüchtlinge untergebracht. Einige Nebengebäude wurden abgerissen, ein anderes, das früher mal als Heim für höhere SS-Dienstgrade geplant war, dient heute als alternatives Kulturzentrum (Z-Bau). → *Frankenstraße 210* Ⓤ *Frankenstraße*

6 Tiergarten Der > Alte Nürnberger Tiergarten am Dutzendteich (eröffnet 1912) passte Albert Speer nicht in seine Planung für das > Reichsparteitagsgelände. Dort sollten nämlich die > Große Straße und die > Kongresshalle entstehen. Also wurde der Tiergarten 1937 geschlossen und nach zweijährigen Umbauarbeiten in der Nähe von Mögeldorf neu eröffnet (Entwurf Heinz Schmeißner/Kurt Schneckendorf). Heute erinnern dort nur noch die zwei Plastiken am Eingang des Tierparks an den alten Zoo. → *Am Tiergarten 30* ⏰ *Apr–Sep 8–19.30, Okt 9–18, Nov–Mär 9–17 Uhr* Ⓢ *Ostring*

5 Portal der ehem. SS-Kaserne, oben der leere Sockel für den Reichsadler

5 Kulturzentrum im Z-Bau (heute)

5 SS-Leibstandarte "Adolf Hitler"

5 Rückansicht der ehem. SS-Kaserne (heute)

8 "Führermaschine" im Anflug auf Nürnberg

6 Skulptur am Portal des Tierparks

7 Ehem. Luftgaukommando (heute)

8 Hitler schreitet am Flughafen eine Ehrenformation der Waffen-SS ab

8 Ehem. Verwaltungsgebäude des Flughafens am Marienberg

7 Luftgaukommando XIII / Wohnheim

Das Verwaltungsgebäude und die (nicht erhaltenen) Kasernen des nahe gelegenen Fliegerheims wurden 1938 als Sitz des Luftgaukommandos XIII im damals ländlichen Vorort Schafhof im Nordosten der Stadt errichtet. Das Gebäude enthält typische Elemente der NS-Architektur wie z. B. den angedeuteten "Führerbalkon" über einem dreibogigen Triumphbogen-Zitat oder den von Säulen getragenen Vorbau des Nebeneingangs. Dabei sollte alles noch viel großartiger werden. Geplant war ein mächtiger, gutshofartiger Komplex mit vielen Gebäuden im Fachwerkstil fränkischer Bauernhäuser. Doch der beginnende Krieg stoppte die weiteren Baumaßnahmen. Das Gebäude ist erhalten und dient heute als Wohnheim. → *Schafhofstraße 25* Ⓤ *Herrenhütte*

8 Flughafen am Marienberg / Kfz-Zulassungsbehörde

Der im August 1933 mit einem Großflugtag eingeweihte Nürnberger Flugplatz im Norden der Stadt galt damals als eine der modernsten Flughafen-Anlagen Deutschlands. Hier schwebte alljährlich im September Hitlers Flugzeug zu den > Reichsparteitagen ein, wie von Leni Riefenstahl in ihrem Film > "Triumph des Willens" bildkräftig festgehalten. Nach 1936 wurde der Flugplatz am Marienberg von der Luftwaffe benutzt und ausgebaut. Von den Hochbauten sind nach den Kriegszerstörungen nur das Verwaltungsgebäude und einige Hangars erhalten, die heute von städtischen Behörden genutzt werden.
Am 6. April 1955 wurde etwas weiter nördlich, zwischen den Äckern von Nürnberg-Kraftshof, ein neuer Verkehrsflughafen eröffnet, der heute zu den 10 größten in Deutschland gehört.
→ *Großreuther Straße 115b*
Ⓤ *Nordostbahnhof*

AUSSENBEZIRKE 85

Dr. Robert M. W. Kempner (1899–1993) war einer der Stellvertreter des US-Chefanklägers > Robert H. Jackson beim Hauptkriegsverbrecherprozess sowie Hauptankläger bei einem der Nachfolgeprozesse. Als Polizei-Justiziar des preußischen Innenministeriums hatte er früh vor den Nazis gewarnt. 1931 versuchte er, die NSDAP verbieten und Hitler ausweisen zu lassen.

Täter und Opfer unter einem Dach

9 "Zeugenhaus" In einer beschlagnahmten Villa im Nobel-Vorort Erlenstegen brachten die USA während der > Nürnberger Prozesse Zeugen der Anklage und der Verteidigung unter. Auch fast alle Verteidiger der Hauptangeklagten logierten dort, bis sie eine eigene Unterkunft gefunden hatten. Der russische Chefankläger wohnte ganz in der Nähe. Hausherrin war die ungarische Gräfin Kálnoky, eine junge, attraktive und sehr sprachbegabte Frau mit großen diplomatischen Fähigkeiten. Die brauchte sie auch, denn Täter und Opfer des NS-Regimes wohnten hier unter einem Dach. Zu den prominentesten Bewohnern des "Zeugenhauses" zählten Familienangehörige der Angeklagten wie Henriette von Schirach, Frau des Reichsjugendführers Baldur von Schirach, und Kronzeugen der Anklage wie General Erwin Lahousen, Widerstandskämpfer wie der Professor für physikalische Chemie Robert Havemann und hohe Beamte des NS-Staates wie der Staatssekretär im Auswärtigen Amt Ernst von Weizsäcker, aber auch so schillernde Persönlichkeiten wie Rudolf Diels, der erste Chef der Gestapo, und Heinrich Hoffmann, Hitlers Leibfotograf und Vater von Henriette v. Schirach. *"Auf knappstem Raum lebten Menschen zusammen mit Erfahrungen, die unterschiedlicher nicht sein konnten"* (Christiane Kohl, Das Zeugenhaus). So unterschiedlich z. B. wie die Erfahrungen des Journalisten Josef Ackermann, der jahrelang im KZ inhaftiert war, und die des Rüstungsindustriellen Willy Messerschmitt, den Ackermann kurze Zeit zuvor unter ganz anderen Umständen schon einmal gesehen hatte: im KZ Dora-Mittelbau, wo V2-Raketen von Arbeitssklaven montiert wurden.
Das einstige "Zeugenhaus" ist heute ein privates Einfamilienhaus. → Novalisstraße 24 Ⓡ Erlenstegen

9 "Zeugenhaus" in Nürnberg-Erlenstegen (heute)

9 Heinrich Hoffmann

9 Zeichnung aus dem Gästebuch des "Zeugenhauses"

10 Munitionsfabrik Dynamit AG Ab 1936 entstand im Nordosten der Stadt unter dem Tarnnamen "Metall Nürnberg" im Auftrag des Heereswaffenamtes eine riesige Munitionsfabrik. Die geheime Waffenschmiede – Deutschland war damals noch jede Aufrüstung streng verboten – sollte monatlich 13,5 Millionen

Henriette von Schirach war wie ihr Vater Heinrich Hoffmann Dauergast im "Zeugenhaus". *"Der Leibfotograf des Führers – windig, devot, geschäftstüchtig – gab sich als unpolitischer Mitläufer. Er rühmte sich seines intimen Verhältnisses zu Hitler und hat diesen auch verteidigt: Hitler hätte von den Verbrechen nichts gewusst!" (Chrstiane Kohl)*

Die Hermann-Göring-Schule

11 Reichsmarschall Hermann Göring umringt von Schülern

11 Hermann-Göring-Schule / Konrad-Groß-Schule Die von 1936–1940 errichtete und nach dem Reichsmarschall Herrmann Göring benannte Volksschule (Entwürfe Heinz Schmeißner und Wilhelm Schlegtendal) ist der städtebauliche Blickpunkt einer großen Wohnsiedlung mit zahlreichen Mehrfamilienhäusern aus den 30er und 40er Jahren im Nordosten der Stadt. Der Bau atmet allein schon durch seine

Hülsen für Infanteriemunition und 800.000 Zweizentimeter-Hülsen bauen. Gefertigt wurde die Munition im Untergrund: in 28 Werkshallen mit jeweils mehreren unterirdischen Geschossen. Nur die tonnenförmigen Betondecken waren von außen zu sehen. Als Arbeiter wurden vor allem Kriegsgefangene eingesetzt. Die Fabrik wurde im Herbst 1945 demontiert. Nur das Verwaltungsgebäude und eine der Werkshallen stehen noch.
Eine weitere Munitionsfabrik der > Dynamit AG befand sich in der Nürnberger Innenstadt am Kirchenweg 56 und in Fürth-Stadeln. → *Äußere Bayreuther Straße* Ⓤ *Herrenhütte*

11 Haupteingang der Schule (heute)

11 Hermann-Göring-Schule (ca. 1940)

Dimensionen den Geist des Nationalsozialismus: Es ist die größte zwischen 1933 und 1945 errichtete Schule in Nürnberg, einige behaupten sogar, es sei das größte nach dem 1. Weltkrieg erbaute Schulhaus in Deutschland. Auch im Stil orientiert sich das Gebäude am ideologiegerechten, antimodernen Zeitgeist mit bewusst eingesetzten ortstypischen Anklängen: *"Die im Hauptbau dreigeschossige Anlage greift in ihrer Konzeption die Geschoßzahl der umliegenden Wohnbauten auf. Der Hauptbau umschließt mit den niederen Seitenflügeln einen Innenhof von 3000 qm Grundfläche"* (Winfried Nerdinger, Bauen im Nationalsozialismus). Ein Uhrturm mit dem Spruch *"Nutze die Zeit"* markiert sinnfällig den Haupteingang. Alle Klassenzimmer waren an eine zentrale Rundfunkanlage angeschlossen, damit Adolf Hitlers Stimme bei den regelmäßigen "Führeransprachen" jeden Schülern direkt erreichte. Die Kellerräume waren als Luftschutzräume ausgebaut, in der Eingangshalle erinnerte eine Büste des Bildhauers Wilhelm Nida-Rümelin an den Namensgeber. Das Gebäude ist erhalten und wird weiter als Schule genutzt.
→ *Oedenberger Straße 135*
Ⓤ Ⓡ *Nordostbahnhof*

Zündapp - "Zuverlässig an allen Fronten" lautete während des 2. Weltkrieges das Werbemotto des Nürnberger Motorradherstellers. Bei der Wehrmacht kam vor allem das äußerst robuste und geländegängige Gespann KS 750 mit Seitenwagenantrieb an allen Fronten zum Einsatz. Etwa 19.000 Exemplare dieses Typs verließen zwischen 1939 und 1948 das Zündapp-Werk an der Dieselstraße.

12 Deutsche Fallschirmjäger auf einer Zündapp *KS 600* in Cassino, Italien (1944)

"Zuverlässig an allen Fronten"

12 Zündapp-Werk / Robert Bosch GmbH Zündapp war einer der großen deutschen Motorradhersteller - und ein wichtiger Zulieferer der Deutschen Wehrmacht. Die 1917 von Fritz Neumeyer (1875–1935) zusammen mit der Friedrich Krupp AG und der Werkzeugmaschinenfabrik Thiel in Nürnberg gegründete **Zünd**er- und **App**aratebaugesellschaft m.b.H (ZÜNDAPP) hatte sich bis Ende der 30er Jahre zu einer der fünf bedeutendsten Motorradfabriken Europas entwickelt. (Bis 1938 wurden 200.000 Motorräder gebaut.) Doch dann begann der 2. Weltkrieg. Mit der Folge, dass Zündapp ab März 1940 nur noch für militärische Zwecke produzierte, und zwar vornehmlich den Typ *KS 750*, eine geländegängige Beiwagen-Maschine mit 500 kg Nutzlast, 746 Kubikzentimeter-Zweizylinder-Boxermotor, angetriebenem Seitenwagen und Rückwärtsgang, ein Motorrad, das zur Legende geworden ist und bis heute als Sammler-

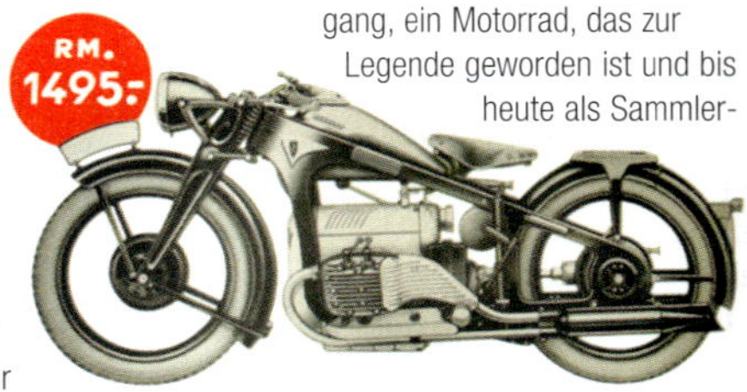

12 Werbefoto einer Zündapp *K 800* aus den 30er Jahren

objekt gehchgehrt ist. Das Waffenprüfungsamt der Wehrmacht hatte BMW 1939 sogar aufgefordert, statt ihres eigenen Ge-

Der Mini-Panzer "Goliath" von Zündapp maß nur 1,60 Meter Länge und konnte eine Sprengladung von bis zu 100 kg ferngesteuert an sein Ziel transportieren. Eingesetzt wurde er zur Sprengung von Panzern, Bunkern oder auch Häusern wie z.B. 1943 im Warschauer-Ghetto.

spanns, der R 75, die technisch überlegene Zündapp *KS 750* in Lizenz herzustellen.
Das Werksgelände in Nürnberg wurde im 2. Weltkrieg stark zerstört, aber später wieder aufgebaut, die Motorradproduktion allerdings 1958, nach dem Verkauf an Bosch, komplett nach München verlagert.
Das vielleicht berühmteste und beliebteste Nachkriegsmodell war die *KS 601* mit Zweizylinder-Viertakt-Boxermotor, wegen seiner grünen Lackierung auch "Grüner Elefant" genannt. Das nach diesem Motorrad benannte "Elefantentreffen" findet immer noch alljährlich in Bayern statt, während sein Hersteller bereits 1984 in Konkurs gegangen ist.
Auch im Automobilbau hat Zündapp übrigens wichtige – heute freilich weitgehend vergessene – Pionierarbeit geleistet: Die Nürnberger Motorradbauer sind - ähnlich wie > ARDIE - maßgeblich an der Erfolgsgeschichte des VW *Käfers* beteiligt. 1931 konstruierte man zusammen mit Ferdinand Porsche drei Musterfahrzeuge eines *Volkswagens*, den Porsche "Typ 12", den Vorläufer des legendären *Käfers*. → *Dieselstraße 10* Ⓤ *Hohe Marter*

13 Hochbunker "Hohe Marter", Garnisonsmuseum
Im 2. Weltkrieg diente der 1941 erbaute Bunker "Hohe Marter" (Entwurf Heinz Schmeißner), ein Rundlingsturm mit spitzem Kegeldach, Ziegelverkleidung und Sandsteinportal im Nürnberger Vorort Schweinau, als Luftschutzraum für 352 Menschen. Seit 1996 ist darin das Garnisonsmuseum untergebracht. Mit militärischen Exponaten aus dem letzten und vorletzten Jahrhundert erinnert das Museum an die Bedeutung Nürnbergs als Garnisonsstadt des Königlich Bayerischen Heeres, der Reichswehr, der Wehrmacht, der US-Streitkräfte und zuletzt der Bundeswehr (bis 1994). → *Zweibrückener Straße 54* ⏰ *jeden 2. Sa im Monat (außer Juli) 10, 13.30 Uhr* Ⓤ *Hohe Marter*

14 AEG-Werk
Das AEG-Werk gehört zu den traditionsreichsten Unternehmen Nürnbergs. Es wurde 1922 als Zweigwerk der Berliner **A**llgemeinen **E**lektricitäts-**G**esellschaft (AEG) errichtet, zunächst für die Herstellung von elektrischen Heizungen und Kochgeräten.
Im 2. Weltkrieg weitgehend zerstört, wurde es für die Produktion von Waschmaschinen neu aufgebaut. Bis 2007 stellte das Werk, das seit 1994 dem schwedischen Konzern Electrolux gehört, Geschirrspüler, Waschmaschinen und Trockner her, die unter den Marken AEG, Electrolux, Juno, Zanussi und Privileg vertrieben wurden. In Spitzenzeiten arbeiteten in den Werkshallen der AEG bis zu 6.000 Menschen. 2007 wurde der Standort Nürnberg geschlossen. → *Muggenhofer Straße 135* Ⓤ *Muggenhof*

14 Hauptgebäude des AEG-Werks

12 Ingenieur Ferdinand Porsche

13 Ehrenmal am Garnisonsmuseum

Eine Kradmannschaft der deutschen Fallschirmjäger auf einer Zündapp K 800 mit Beiwagen während des Afrika-Feldzuges in Tunis.

1 Tor zur Hauptsynagoge (Altschul) in den 30er Jahren

Fürth

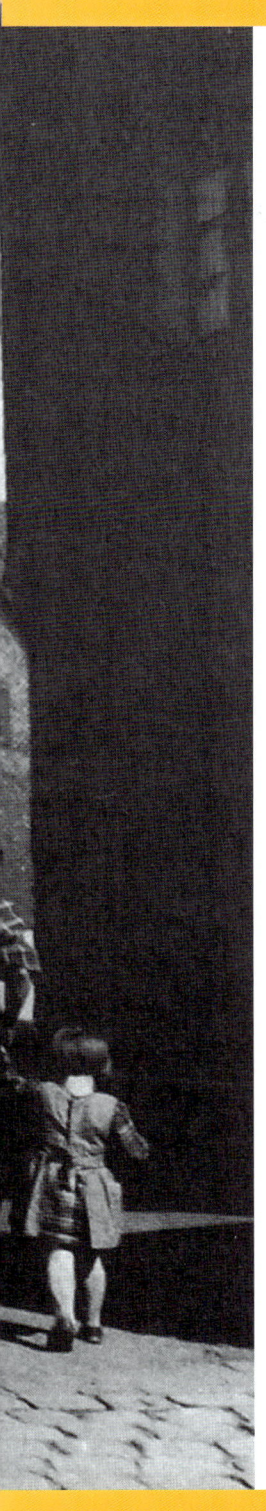

"Erstickend in ihrer Enge und Öde die gartenlose Stadt, Stadt des Rußes, der 1.000 Schlöte, des Maschinen- und Hammergestampfes, der Bierwirtschaften, der verbissenen Betriebs- und Erwerbsgier, des Dichtbeieinander kleiner und kleinlicher Leute... "
So erlebte der junge Jakob Wassermann (1873–1934), Dichter, Deutscher und Jude aus Fürth, seine hassgeliebte Heimatstadt – und flüchtete über Wien nach München. Die große Mehrheit der Fürther scheint diese Klein- und Kleinlichkeit nicht zu stören, jedenfalls scheiterten bisher alle Versuche einer Eingemeindung in die große Schwesterstadt Nürnberg. So kann man jetzt das 1.000-jährige Stadtjubiläum feiern. Dabei gibt es in der jüngeren Vergangenheit wenig worauf man stolz sein könnte. Schon vor 70 Jahren ist das "Fränkische Jerusalem" seiner interessantesten Besonderheit beraubt worden: der Juden. Noch 2.000 lebten 1933 in der nach Nazi-Meinung *"total verjudeten"* Stadt ("Fürther Anzeiger" vom 10. März 1933). 1.500 konnten emigrieren, die anderen starben in Konzentrationslagern – und kein prominenter Fürther hat sich damals schützend vor die jüdischen Mitbürger gestellt, die in den Jahrzehnten zuvor so viel für die Stadt getan hatten. Dafür beschlossen die Stadtoberen nur 20 Jahre nach Vertreibung der Juden, vermutlich in einer Mischung aus Selbsthass und schlechtem Gewissen, sich auch noch der letzten jüdischen Stadt-Attraktion zu berauben: des (einst jüdisch dominierten) Gänsberg-"Schtetls", das man abrissbesessen und geschichtsvergessen schleifen ließ.

Zu den berühmten in Fürth *geborenen Juden gehören neben > Henry Kissinger und Jakob Wassermann auch der Berliner Verleger Leopold Ullstein, geboren 1826 in der Mohrenstraße 2, und der Anatomieprofessor Jakob Henle, geboren 1809 in der Helmstraße 9. Auch die Vorfahren des Herausgebers der "New York Times", Adolph Simon Ochs (1858–1935), stammen aus Fürth.*

Wegweiser mit Fernzielen des NS-Größenwahns *("London, Narvik, New York...")* in der Schwabacher Straße (1941)

Fürth - das "Fränkische Jerusalem"

1 Hauptsynagoge / Synagogen-Gedenkstein Jahrhundertelang befand sich in der Geleitsgasse das geistige Zentrum der jüdischen Gemeinde. Dieser "Schulhof" (die Synagoge wird im Jiddischen "Schul" genannt) bestand aus der Hauptsynagoge (von 1617), einigen kleineren Synagogen, der Gemeindekanzlei, der Rabbinerwohnung, dem Ritualbad (Mikwe) und der Scharre (Raum zum Schächten) sowie einer Talmud-Hochschule (bis 1830), die so berühmt war, dass Fürth in der jüdischen Welt lange Zeit den Ruf eines "fränkischen Jerusalems" genoss. 1938, in der "Reichskristallnacht", wurde der gesamte "Schulhof" ein Opfer der Flammen, der NS-Oberbürgermeister Franz Jakob verbot der Feuerwehr zu löschen. 1.500 Fürther Juden mussten emigrieren, 500 wurden ermordet. Seit 1986 erinnert der Synagogen-Gedenkstein des in Fürth lebenden japanischen Künstlers Kunihiko Kato an den jüdischen "Schulhof". → *Geleitsgasse* Ⓤ *Stadthalle*

2 "Mesusa" An einigen Haustüren in der Altstadt (so z.B. in der Königstraße 74) kann man im oberen Drittel des rechten Türstocks noch die Stelle erkennen, an der sich einst die "Mesusa" befand, jene Metallkapsel, in der ein Pergament-Röllchen mit dem Tora-Text des "Schema Israel" (Höre Israel) steckte und das jeder gläubige Jude beim Betreten des Hauses mit der rechten Hand berührte. → *Königstraße 74* Ⓤ *Rathaus*

3 Alter Jüdischer Friedhof Das 1607 angelegte Gräberfeld weist mit einer Fläche von rund 1,7 Hektar auf die einstige Größe der jüdischen Gemeinde in Fürth hin. Hier liegen 15.000 bis 20.000 Tote. Im Unterschied zum christlichen Friedhof gibt es im jüdischen Friedhof weder Familiengräber noch die Wiederbelegung eines Grabs. Alle Toten werden nebeneinander bestattet und besitzen ein "ewiges Ruhe-

Heinz (Henry) Kissinger, (Mitte vorne) Sohn eines jüdischen Lehrers an der Fürther Handelsschule, besuchte (unfreiwilliger- weise) von 1933–1938 die israelitische Realschule in der Blumenstraße 31, heute Sitz der Israelit. Kultusgemeinde Fürth.

...recht" bis zur Ankunft des Messias. Trotz nationalsozialistischer Schändung sind noch über 1.000 Grabsteine erhalten. Mitten im Friedhof, dort, wo heute eine Wiese zu sehen ist, legten die Nazis während des Krieges einen Löschteich an – ohne praktischen Grund, der Fluss Rednitz ist nur wenige Meter entfernt. Die geraubten Grabsteine hat man zum Teil bei christlichen Steinmetzen wiedergefunden. Der Gottesacker ist sogar in die Literaturgeschichte eingegangen: Lion Feuchtwanger lässt hier seinen "Jud Süß" Oppenheimer die letzte Ruhestätte finden (wofür es allerdings keinen Nachweis gibt). Der Friedhof steht unter Denkmalschutz. Ein Besuch ist nur mit autorisierter Begleitung möglich. → *Schlehenstraße* Ⓤ *Stadthalle*

4 Geburtshaus Heinz Alfred (Henry) Kissinger

Im ersten Stock des Eckhauses Mathildenstraße 23 wurde am 27. Mai 1923 Heinz Alfred (später Henry) Kissinger geboren, von September 1973 bis Januar 1977 (umstrittener) Außenminister der USA unter den Präsidenten Richard Nixon und Gerald Ford, Friedensnobelpreisträger (1973), Träger der Goldenen Bürgermedaille der Stadt Fürth (1973), Träger des Karlspreises der Stadt Aachen (1987) und seit 1998 Ehrenbürger von Fürth. Wegen ihrer jüdischen Herkunft musste die Familie Kissinger (die zuletzt im Haus Marienstraße 5 wohnte) 1938 Fürth verlassen und in die USA auswandern. Seit seiner Jugend ist Henry Kissinger, der von 1945–47 in Deutschland für die US-Spionageabwehr gearbeitet hat, ein Fan des Fußballvereins Spielvereinigung Fürth (heute SpVgg Greuther Fürth), dessen Spielergebnisse er auch in den USA regelmäßig verfolgt. Kissinger besuchte seine Geburtsstadt zuletzt 2004. → *Mathildenstraße 23* Ⓤ *Rathaus*

7 Jüdisches Museum (rechts), im Hintergrund das Fürther Rathaus

3 Alter jüdischer Friedhof (heute)

3 Grabstein auf dem Jüd. Friedhof

1 Modelll der ehem. Synagoge

4 Geburtshaus von Heinz Kissinger (heute)

8 Gänsbergviertel (1933)

7 Ausstellungsraum im Jüdischen Museum

7 Schabbat-Lampe im Jüd. Museum

5 Schriftsteller Jakob Wassermann

7 Ritualbad (Mikwe) im Keller des Jüdischen Museums

5 Wohnhaus Jakob Wassermann Jakob Wassermann, geboren am 10. März 1873 in dem (kriegszerstörten) Haus Alexanderstraße Nr. 8 (heute Nr. 13) und aufgewachsen in der Blumenstraße 28, später in der Theaterstraße 17, ist als "vergessener Bestseller-Autor" in die deutsche Literaturgeschichte eingegangen. Dabei war er im ersten Drittel des vergangenen Jahrhunderts – zumindest in der Publikumsguns – gleichrangig mit Thomas Mann Seine bekanntesten Werke sind die Romane "Der Fall Maurizius" "Das Gänsemännchen" und "Caspar Hauser".
Zu seiner Heimatstadt, die er als beengend empfand ("Stadt der 1000 Schlöte") und bereits als 17-Jähriger verließ, hatte er ein gespanntes Verhältnis.
Im "Dritten Reich" waren der jüdische Schriftsteller und sein Werk unerwünscht. Wassermann starb am 1. Januar 1934 in seiner österreichischen Wahlheimat Alt-Aussee. Seit 1995 ehrt ihn die Stadt Fürth mit einem nach ihm benannten Literaturpreis.
→ *Theaterstraße 17* Ⓤ *Rathaus*

6 Altes Jüdisches Waisenhaus In der Hallemannstraße 2 befand sich seit 1868 das jüdische Waisenhaus (dessen 1763 gegründeter Vorgängerbau in der Geleitsgasse das erste jüdische Waisenhaus Deutschlands war). Dort spielte sich im "Dritten Reich" eines der traurigsten Kapitel der Fürther Stadtgeschichte ab. Von hier wurden am 22. März 1942 33 Waisenkinder zusammen mit dem letzten Leiter des Waisenhauses, Dr. Isaak Hallemann und seiner Familie, ins KZ Izbica bei Lublin deportiert. Keines der Kinder überlebte. Dr. Hallemann, der emigrieren hätte können, ging mit seinen Schützlingen in den Tod. Eine Gedenktafel im Flur des Hauses erinnert daran. Heute befindet sich in der Hallemannstr. 2 die Synagoge der nach 1945 neu gegründeten kleinen jüdischen Gemeinde. Sie ist als einzige der ehemals sieben Fürther Synagogen erhalten geblieben, aber nur deshalb, weil die SA-Horden in der Pogromnacht 1938 befürchteten, die benachbarten nichtjüdischen Häuser mit anzuzünden. Von der ursprünglichen Synagogen-Ausstattung sind noch die beiden Hängeleuchter aus 1750 vorhanden sowie die Emporen und der Tora-Schrank. → *Hallemannstraße 2* Ⓤ *Rathaus*

7 Jüdisches Museum

Das 1702 von der jüdischen Familie Fromm erbaute Haus, in dem sich das Jüdische Museum befindet, ist mit seiner historischen Spindeltreppe und den kunstvollen Stuckdecken selbst ein architektonisches Museumsstück. Ende der 1980er Jahre wurde es für das Jüdische Regionalmuseum Mittelfranken erworben. Nach aufwändigen Renovierungsarbeiten konnte es 1999 eröffnet werden. Die umfangreiche Dauerausstellung gibt einen guten Überblick über Geschichte und Kultur der Juden in Fürth und Franken. Besonders sehenswert sind die Laubhütte und das fast neun Meter unter Erdgeschoss-Niveau angelegte, vom Grundwasser gespeiste Ritualbad (Mikwe) aus dem frühen 18. Jahrhundert. → *Königstraße 89* ⏰ *Di 10–20, Mi–So 10–17 Uhr* Ⓤ *Rathaus*

8 Gänsberg

Die "besseren" Fürther haben sich des Armenviertels am "Gänsberg" immer geschämt. Das verschachtelte Ensemble, das den Krieg nahezu unversehrt überstanden hatte, galt als Assozialen-Hochburg mit uraltem *"Judengeruch"*. In der Tat hatte der Ansbacher Markgraf die nach dem 30-jährigen Krieg schnell hochgezogenen Häuser vorwiegend mit Juden besiedeln lassen. Wahr ist auch, dass die winkeligen Häuser nicht sehr ansehnlich waren. Trotzdem ist es ein großer Fehler der Stadtoberen gewesen, ab Anfang der 1960er Jahre das Gänsbergviertel abreißen zu lassen. (Die einzig rekonstruierten Häuser sind der "Fravelliershof" und ein Barockhaus am Löwenplatz.) Hätten sie ihr Gänsbergviertel nicht ohne Gefühl saniert, sondern mit Geschmack renoviert, besäßen die Fürther heute eine großartige touristische Attraktion: ein fast 350 Jahre altes jiddisches "Schtetl". → *Gänsberg* Ⓤ *Stadthalle*

9 Geburtshaus Ludwig Erhard

Der 1897 als Sohn eines Kurzwarenhändlers in Fürth geborene Ludwig Erhard war von 1949–1963 Bundesminister für Wirtschaft und ab 1963, als (glückloser) Nachfolger Konrad Adenauers, drei Jahre lang Bundeskanzler der Bundesrepublik Deutschland. Berühmt wurde der stets Zigarre rauchen-

6 Eingang zur heutigen Synagoge

6 Tafel am Alten Jüd. Waisenhaus

Göring-Haus in der Ottostraße 21

Hermann Görings frühe Fürther Jahre

Kindheit eines Reichsmarschalls

Der zweite Mann des "Dritten Reiches" war nicht nur seit 1933 Ehrenbürger der Stadt, er hat auch jahrelang als Schuljunge bei Gasteltern in Fürth gewohnt: in der Hirschenstr. 18 bei Frank (15.9.1900–18.7.1903) und in der Ottostr. 21 bei Ruttmann (5.11.1903–1.10.1905). Erst besuchte er in Fürth die Vorschule, dann zwei Jahre lang das Gymnasium. Danach verließ er die Stadt, um sich in der Kadettenanstalt Karlsruhe auf den Soldatenberuf vorzubereiten. Göring (1893–1946) soll ein zu Zornesausbrüchen neigendes Kind gewesen sein, später allerdings ein guter Schüler, der im Gegensatz zu Hitler nur gute Noten nach Hause brachte.

10 Leibfotograf Heinrich Hoffmann mit Duzfreund Hitler in den 30er Jahren

9 Erhard-Büste am Fürther Rathaus

de Professor als Miterfinder des Konzepts der *Sozialen Marktwirtschaft* und Schöpfer des deutschen *Wirtschaftswunders*, einen Begriff, den er freilich selbst stets ablehnte (*"Es gibt keine Wunder"*). Während des "Dritten Reiches" fungierte Erhard als stellvertretender Leiter des Instituts für Wirtschaftsbeobachtung der deutschen Fertigware in Nürnberg. Ab 1942 leitete er – ohne selbst einer NS-Organisation beizutreten – das von ihm gegründete und von der Reichsgruppe Industrie (heute BDI) finanzierte Institut für Industrieforschung. Erhard starb am 5. Mai 1977 in Bonn. Am Königsplatz erinnert eine Büste an den Altkanzler. → *Ludwig-Erhard-Straße 5* Ⓤ *Rathaus*

10 Geburtshaus Heinrich Hoffmann Der am 12. September 1885 in Fürth, Nürnberger Landstraße 89 (heute Nürnberger Straße), geborene Heinrich Hoffmann ging als "Adolf Hitlers Leibfotograf" in die Geschichte ein. Seine Heimatstadt hat er schon als 16-Jähriger verlassen, sein Geburtshaus ist nicht erhalten. Nach einigen Wanderjahren ließ er sich in München nieder, wo er 1909 ein Fotoatelier eröffnete. Hoffmann war 1920 eines der ersten NSDAP-Mitglieder. Im "Dritten Reich", machte er mit Hitler-Bildbänden und "Führer"-Porträts, auf deren Anfertigung und Verkauf er das Monopol besaß, ein Millionenvermögen. Als Mitglied der Kommission zur "Verwertung der beschlagnahmten Werke entarteter Kunst" war er am Kunstraub der Nazis maßgeblich beteiligt. 1941 verlieh ihm seine Heimatstadt Fürth die Ehrenbürgerwürde. Nach Kriegsende wurde er verhaftet und bei der Entnazifizierung als Hauptschuldiger (Gruppe I) eingestuft. Hoffmann starb am 16. Dezember 1957 in München. → *Nürnberger Straße 89* Ⓤ *Jakobinenstraße*

11 Paketversand bei Quelle (1932), links Grete Lachner

11 Gustav Schickedanz mit Ehefrau Grete (50er Jahre)

Gustav Schickedanz, NSDAP-Mitglied seit 1932, folgte stets dem Zeitgeist – wenn es den Geschäften diente. Bereits im April 1933 ließ er auf dem Titel seiner "Neuesten Quelle-Nachrichten" die notariell beglaubigte "Erklärung" abdrucken, dass dieses Unternehmen ein "rein christliches Versandhaus" sei. Dazu den Appell: "Kauft deutsche Waren in dieser deutschen Quelle".

Versandhaus Quelle G.m.b.H. Fürth / Bayern

11 Versandhaus Quelle

Die Erfolgsgeschichte des Fürther Versandhändlers Gustav Schickedanz (1895–1977) ist die klassische Story vom Selfmademan: vom geborenen Unternehmer, der seine Chancen zu nutzen weiß – und dabei viel Glück hat. Anfang der 20er Jahre des vergangenen Jahrhunderts zog der gelernte Exportkaufmann noch mit einem Bauchladen von Haus zu Haus. Doch bereits 1927 gründete er das "1. Versandhaus Quelle", Gesellschaft mit beschränkter Haftung" mit Sitz in Fürth. Gegenstand des Unternehmens: *"Versand mit Kurz- und Wollwaren und einschlägigen Artikeln"*. Firmenmotto: *"An der Quelle kaufen"*. Zwei Jahre später traf den Erfolgsmenschen ein schwerer Schicksalsschlag: Ehefrau und Sohn starben bei einem Verkehrsunfall. Er überlebte den Unfall und bekam von der Lebensversicherung seiner Frau eine sechsstellige Summe ausbezahlt, die er zum Auf- und Ausbau seiner Firma nutzte.

11 Hitler-Gemälde im Quelle-Katalog um 1936

In dem "Quelle"-Lehrmädchen Grete Lachner fand der 16 Jahre ältere Geschäftsmann schnell wieder eine neue, tüchtige Partnerin für Familie und Betrieb. Das "Fräulein Grete" wurde zu seiner "engsten Mitarbeiterin", wie es offiziell hieß. (Amtlich geheiratet haben die beiden erst 13 Jahre später.) In den 30er Jahren entwickelte sich die "Quelle" zu einem mächtigen Unternehmen, mit einem Umsatz von rund 40 Millionen Reichsmark im Rekordjahr 1938. Schickedanz hatte frühzeitig auf die kommenden Machthaber gesetzt und war schon 1932 NSDAP-Mitglied geworden. Eine gute Investition: Drei Jahre später zog er als Ratsherr für die Nationalsozialisten in den Rat seiner Heimatstadt ein. In der Folgezeit profitierte er doppelt von den politischen Verhältnissen: zum einen durch die erzwungene Emigration der jüdischen Konkurrenz, zum anderen durch den günstigen Erwerb "arisierter" Firmen, darunter der > Vereinigten Papierwerke Rosenfelder (Tempo-Taschentücher). Auch nach dem Krieg ging die Erfolgsstory weiter. Zwar durfte Schickedanz wegen des laufenden Entnazifizierungsverfahrens bis 1949 seine Firma nicht betreten, doch bereits 1954 erreichte seine "Quelle" mit 260 Millionen Mark einen neuen Umsatzrekord und stieg 10 Jahre später zum größten Versandhaus Europas auf. Das war einmal: Im Oktober 2009 schockte der Insolvenzverwalter die Öffentlichkeit mit der Meldung, das illiquide Unternehmen müsse seinen Geschäftsbetrieb einstellen. → *Königswarterstraße 10, heute Fürther Freiheit (Gründungssitz, erstes Kaufhaus)* Ⓤ *Fürth Hbf* → *Nürnberger Strasse 91–95 (Quelle GmbH)* Ⓤ *Jakobinenstraße*

11 Hauptsitz der Quelle an der Artilleriestraße (1933)

100 FÜRTH

"Hitler über Deutschland":
Der "Führer" benutzte bei seinen Wahlkampfreisen gern das Flugzeug (erst die Maschinen der Deutschen Verkehrsflug AG, dann die der Lufthansa). Mit bis zu drei

Auftritten am Tag in absichtlich weit auseinander liegenden Städten wollte er Omnipräsenz insinuieren, Aufbruchstimmung erzeugen und seiner Partei das Image von Modernität verleihen.

Der Flughafen Nürnberg-Fürth

12 Flughafen Nürnberg-Fürth / Golfplatz Fürth

Lange vor der großen Nachbarstadt Nürnberg besaß das kleine Fürth einen eigenen Großflughafen. Und was für die stolzen Einwohner der ehemaligen Freien Reichsstadt das unerfreulichste war: Sie mussten ihn bis zum Bau ihres eigenen > Flughafens am Marienberg (heute Volksparkgelände) im Jahr 1933 wohl oder übel mitbenutzen. Der Fürther Flugplatz auf dem Hochplateau zwischen Unterfarrnbach und Atzenhof trug die offizielle Bezeichnung "Flughafen Nürnberg-Fürth" und zählte in den 20er Jahren des vergangenen Jahrhunderts zu den größten deutschen Airports.
Mit jährlich rund 10.000 Fluggästen rangierte er 1928/29 an 8. Stelle unter den 88 deutschen Flughäfen. Außerdem befand sich damals auch noch eine große Werft der Junkers-Werke mit bis zu 200 Mitarbeitern auf dem Atzenhofer Gelände.
Die Ursprünge des Fürther Flugplatzes reichen in die Zeit des 1. Weltkriegs zurück. Damals beschloss die
Königliche

12 Blick in die Flugzeugkabine an Hitlers 43. Geburtstag

12 "Führermaschine" Rohrbach "Roland" auf dem Fürther Flugplatz mit "HITLER"-Schriftzug unter den Tragflächen

FÜRTH

Bayerische Inspektion des Militär-, Luft- und Kraftfahrwesen, auf der *Atzenhofer Heide* eine Fliegerstation zu bauen, mit Flugzeugwerft, neun so genannten Normalflugzeughallen und einer Kasernenanlage. 1920, zwei Jahre nach dem verlorenen Krieg, wurde dieser Militärflugplatz zu einem zivilen Luftverkehrshafen umfunktioniert. Einige der damals errichteten Gebäude sind bis heute erhalten geblieben: neben der (1992 unter Denkmalschutz gestellten) Werft das dazugehörende Materiallagergebäude, die Kraftwagenhalle, die Kasernenanlage und eine der neun Normalflugzeughallen.
Im "Dritten Reich" wurde der Fürther Flugplatz als Flugzeugführerschule genutzt. Ab 1938 baute ihn die deutsche Luftwaffe zu einem Fliegerhorst aus, mit einer Jagdfliegerschule

12 Hitlers Fahrer Julius Schreck auf dem Flugplatz Nürnberg-Fürth

14 Teilansicht des Grundig-Werks I mit der Hauptverwaltung (Mitte rechts)

14 Max Grundig mit "Heinzelmann"

14 Historische Radiogeräte im Rundfunkmuseum

und Jagdgeschwader. Im April 1945 übernahm ihn die US-Army und nutzte ihn in der Folgezeit vor allem für Kurierflüge zu den diversen Standorten in Nordbayern. Zuletzt diente ihr das 124 Hektar große Gelände unter dem Namen "Monteith-Barracks" als Standort für eine Panzerdivision. Im September 1993 zog die US-Army ab und übergab das gesamte Flughafen-Gelände an die Bundesrepublik Deutschland.

Den von der US-Army angelegten Golfplatz übernahm der Golfclub Fürth. Der fand auch für das Postament vor dem Fahnenmast, wo einst eine Gedenktafel an den Leutnant Jimmi W. Monteith Jr., den Namensgeber der Kaserne, erinnerte, eine neue Verwendung. Dort ist jetzt die Clubtafel des Vereins angebracht. → *Flugplatzstraße*
Ⓤ *Klinikum*

13 Dynamit-Nobel AG / RUAG Ammotec GmbH

Die Sprengstofffabrik Dynamit-Nobel war der größte Fürther Rüstungsbetrieb. In dem am nördlichen Stadtrand gelegenen Werk Stadeln wurden während des "Dritten Reiches" Infanterie-Munition, Zünder, Zündsätze, Patronen und Sprengnieten für die Wehrmacht hergestellt.
Im Zuge der nach 1933 vorangetriebenen Aufrüstung wurde das Werk erheblich erweitert. Es rückte zum bedeutendsten Büchsenpatronen-Hersteller Europas auf und wurde von der DAF zum "Musterbetrieb" erklärt. Während des Krieges lag die maximale Mitarbeiter-Zahl bei ca. 4.000; vor dem Betriebsgelände befand sich ein Barakkenlager für Zwangsarbeiter. Heute gehört das Fürther-Werk zu dem schweizer Rüstungskonzern RUAG. Die alten Fabrikgebäude sind erhalten und werden zum Teil für die Produktion von kleinkalibriger Munition genutzt. → *Kronacher Str. 63*

Max Grundig profitierte von der Rüstungskonjunktur im "Dritten Reich". Mit dem Bau von Kleintransformatoren für die Wehrmacht verdiente er seine erste Million. Hauptauftraggeber waren Siemens und die AEG. Gegen Kriegsende produzierte er auch Steuerungsgeräte für die "Vergeltungswaffen" V1 und V2.

Grundig - von der V2 zum "Heinzelmann"

14 Grundig-Werke / Rundfunkmuseums der Stadt Fürth Wie der 13 Jahre ältere > Gustav Schickedanz ist auch der andere Fürther Erfolgsunternehmer der Wirtschaftswunder-Zeit, der in Nürnberg geborene Max Grundig (1908–1989), ein Selfmademan mit Glück, der den Grundstock seines späteren Millionen-Vermögens bereits im "Dritten Reich" gelegt hat. Seine erste eigene Firma, die Radio-Vertrieb Fürth Grundig & Wurzer OHG, eröffnete der gelernte Einzelhandelskaufmann 1930 als 22-Jähriger zusammen mit einem Teilhaber in der Sternstraße 4. 1934 zahlte er den Teilhaber aus und zog in ein wesentlich größeres Ladenlokal in der Schwabacher Straße 1 um, wo er Radiogeräte, Schallplatten, Plattenspieler, Batterien und Zubehör verkaufte. 1938 begann er mit der Produktion von Kleintransformatoren für den steigenden Bedarf der Rüstungsindustrie. Nach Kriegsbeginn reparierte er im Auftrag der Wehrmacht Geräte der militärischen Nachrichtentechnik. 1941 wurde er zu einer Nachrichteneinheit des Heeres eingezogen, erreichte es aber, wegen der kriegswirtschaftlichen Bedeutung seiner Firma unabkömmlich (UK) gestellt zu werden. Aus Angst vor Bombardierungen verlagerte er 1943 die Produktionsanlagen seiner Firma in das Dorf Vach bei Fürth. Dort ließ er im Tanzsaal des Gasthauses Linde und in der Kegelbahn des Roten Ochsen bis Kriegsende Transformatoren, elektrische Zünder und Steuerungsgeräte herstellen. Seine 150 ukrainischen Zwangsarbeiterinnen behandelte er gut und verpflegte sie ordentlich. Sie dankten es ihm nach Kriegsende. Als er von der US-amerikanischen Militärpolizei verhaftet und drei Tage lang verhört wurde, blieben sie weiter in Vach und bewachten die wertvollen Rohmaterial-Bestände. Damit retteten sie ihm das Startkapital für seine steile Nachkriegs-Karriere. Bereits im Mai 1945 konnte Max Grundig wieder seinen Radio-Vertrieb Fürth (RVF) eröffnen. Den US-Militärs gegenüber hatte er stur geleugnet, jemals Rüstungsgegenstände produziert zu haben.

Seine genialste Geschäftsidee hatte er im Dezember 1945. Aus den Vacher Beständen entwickelte er einen Radio-Bausatz ohne Röhren, den er "Heinzelmann" nannte und für 176 Reichsmark als "Spielzeug" in den Handel brachte. Der Bau von Radiogeräten war nämlich noch genehmigungspflichtig, der Verkauf bezugsscheinpflichtig. Der "Heinzelmann" wurde ein Renner, das Fürther Wirtschaftswunder begann. Bereits Anfang der 50er Jahre war Max Grundig der größte Rundfunkgeräte-Hersteller Europas und der größte Tonbandgeräte-Produzent der Welt. Der "Monarch der Marktwirtschaft" starb am 8. Dezember 1989. Im früheren Hauptverwaltungsgebäude ist heute das Rundfunkmuseum der Stadt Fürth untergebracht. → Kurgartenstraße 37 ◷ Di–Fr 12–17, Sa–So 10–17 Uhr, 1. Do im Monat 12–22 Uhr Ⓤ Stadtgrenze

Rundfunkmuseum, ehem. Grundig-Hauptverwaltung. Das Dachgeschoss samt dem Turm bewohnte früher Max Grundigs Mutter.

2 Hitler am Fenster des Festspielhauses (1940), rechts: Büste König Ludwigs II. vor dem *Haus Wahnfried* (heute)

Bayreuth

Adolf Hitler liebte Bayreuth, dieses *"Walhalla der deutschen Musik"*. Seit den 20er Jahren pilgerte er alljährlich zu den Festspielen in die oberfränkische Residenzstadt. Auch dazwischen nahm er sich immer wieder mal Zeit für eine Stippvisite bei Wagners Schwiegertochter Winifred, die in ihrem Haus, der "Villa Wahnfried", stets ein Bett für ihn frei hielt und deren Kinder in ihm den guten "Onkel Wolf" sahen.

Bereits als Jugendlicher hatte er Richard Wagner, dieses *"deutschnationale Genie"*, als *"größten Deutschen, der je gelebt hat"* verehrt und zu seinem "Lebenslotsen" erkoren. Später, in der "Kampfzeit", schwärmte er von Wagner, weil er glaubte, in seinen Werken ein Bekenntnis zur politischen Einheit Deutschlands erkennen zu können. Kein Wunder also, dass der Bayreuth-Fan Adolf Hitler nach 1933, nunmehr als "Führer" und Reichskanzler, mit der kleinen Stadt Großes vorhatte und dass er sie per Führererlass in den engeren Kreis der "Neugestaltungsstädte" aufnehmen ließ. Die Kulturwallfahrtsstätte der Nationalsozialisten und Hauptstadt des Gaues Bayerische Ostmark sollte zum "Empfangssalon des Reiches", ja zur Herzeige-Stadt des NS-Regimes herausgeputzt werden. Zum Glück blieben die Baupläne für das größenwahnsinnige Projekt Gauforum bis auf einige Erdarbeiten und die Errichtung einer Bauhütte aus Kriegsgründen unausgeführt. Rund 100 historische Gebäude, darunter sogar Teile des Neuen Schlosses am Hofgarten, wären der Abrissbirne zum Opfer gefallen.

106 BAYREUTH

N

Richard-Wagner-Park

WENDELHÖFEN

Feustelstr.

❹

Friedr.-v.-Schiller-Str.
Nibelungenstr.
Munkerstr.
Friedr.-Puchta-Str.

MAINTAL-SIEDLUNG

70

Nordring

Ed.-Bayerlein-Str.

Casselmannstr.

Schulstr.

85

HERZOGHÖHE

Scheffelstr.

Hindenburgstr.

Roter Main

Hohenzollernring

Luitpoldplatz

Kanalstr.

❺

Mistelbach

Spital-kirche

Altes Schloss

KREUZ

Maximilianstr.
V.-Römer-Str.
Sophienstr.
Kirchgasse

Altes Rat-haus

Schloss-kirche

Stadt-friedhof

22

Dammallee

Stadt-kirche

Kanzleistr.

Erlanger Str.

Wittelsbachering

Ludwigstr.

Bamberger Str.

Bismarckstr.

Wilhelminenstr.

Stadt-halle

Friedrichstr.

Ludwig-Thoma-Str.

MORITZHÖFEN

BAYREUTH 107

- **R.-W.-Festspielhaus** ❷
- Hofer Str.
- INSEL
- BURG
- Berneckerstr.
- Bürgerreuther Str.
- Markgrafenallee
- Brandenburger Str.
- Friedhof
- ST. GEORGEN
- **Hauptbahnhof** DB
- Albrecht-Dürer-Str.
- Hohenzollernring
- Städtisches Stadion
- Friedr.-Ebert-Str.
- HAMMERSTAT
- **Synagoge**
- Mühlbach
- **Opernhaus**
- Roter Main
- Richard-Wagner-Str.
- W.-Siemens-Str.
- ❸ **Neues Schloss**
- ❻
- ❶ **R.-W.-Museum**
- Wieland-Wagner-Str.
- Lisztstr.
- Königsallee
- Jean-Paul-Str.
- Hofgarten
- Cosima-Wagner-Str.
- Nürnberger Str.
- Universitätsstr.
- Prieserstr.
- **Jüd. Friedhof**

Richard Wagner siedelte 1872 von Luzern nach Bayreuth über, entschlossen, sich in der kleinen Residenzstadt seinen Lebenstraum von eigene Festspielen zu erfüllen. Am Grünen Hügel baute man ihm das Festspielhaus, gleichzeitig sein Domizil, das Haus Wahnfried. In der 1874 bezogenen Neorenaissance-Villa schuf Wagner die "Götterdämmerung" und den "Parsifal".

1 Haus Wahnfried (1890)

"Hier wo mein Wähnen Frieden fand"

1 Haus Wahnfried, Richard-Wagner-Museum Gleichzeitig mit dem Grünen Hügel hatte Richard Wagner im Jahr 1872 ein Grundstück am Bayreuther Hofgarten erworben. Hier sollte sein Wohnhaus entstehen, das Haus Wahnfried. 1874 war das Neorenaissance-Gebäude bezugsfertig. Die pathetisch-programmatische Fassadeninschrift klingt wie ein Text aus einer Wagner-Oper: *"Hier wo mein Wähnen Frieden fand/ Wahnfried sei dieses Haus von mir benannt."* Heute befindet sich in der nach schwersten Kriegsschäden wieder aufgebauten Villa das Richard-Wagner-Museum.

Auch während des 2. Weltkrieges fanden Festspiele in Bayreuth statt. Gespielt wurde allerdings fast nur noch für — meist

Im Garten – einst Wallfahrtsort aller "Völkischen" – sind Richard und Cosima Wagner in einem Gemeinschaftsgrab beigesetzt.

Der Bayreuther Wagner-Kult ist mit Adolf Hitler und dem Nationalsozialismus untrennbar verbunden, speziell das Haus Wahnfried. Hier empfing > Winifred Wagner, die 26-jährige Ehefrau des 28 Jahre älteren Wagner-Sohns Siegfried, am 1. Oktober 1923 den kommenden "Führer" und Reichskanzler Adolf Hitler, der bereits als Zwölfjähriger den völkischen Antisemiten Richard Wagner zum *"Lebenslotsen"* und *"Seelenführer"* erkoren hatte und ihn verehrte als *"größten Deutschen, der je gelebt hat"*.

Hier fand damals, laut offizieller NSDAP-Propaganda, *"eine der denkwürdigsten Begegnungen der Bayreuther Geschichte und – man darf es auch sagen – der Geschichte der nationalsozialistischen Bewegung"* statt: Der erblindete und ans Bett gefesselte verwundete – Soldaten und nur noch "Die Meistersinger von Nürnberg". Die "Götterdämmerung" fand derweil in Realzeit statt.

Wagner-Schwiegersohn Houston Stewart Chamberlain, englischer Kulturphilosoph, Antisemit und geistiges Oberhaupt des Wagner-Clans, salbte den Gefreiten des 1. Weltkriegs zum Retter des deutschen Volkes (*"dass Deutschland in seiner tiefsten Not einen Hitler gebiert, bezeugt seine Lebendigkeit"*). Hier hielt Hitler-Verehrerin > Winifred Wagner seitdem stets ein Bett für ihren Seelenfreund Adolf, genannt "Wolf", frei. → *Richard-Wagner-Straße 48* ⏲ *Apr–Okt Mo–So 9–17 Uhr, Nov–Mär Mo–So 10–17 Uhr*

2 Richard-Wagner-Festspielhaus Am 17. April 1870 besuchte Richard Wagner Bayreuth, weil er von der großen Bühne des Markgräflichen Opernhaus gelesen hatte. Sie schien ihm für seine Opern besonders geeignet. Vor Ort musste er allerdings feststellen, dass der Orchestergraben zu klein war für die große Zahl von Musikern, die er für seine Aufführungen benötigte. Also beschloss er, in Bayreuth ein eigenes Festspielhaus zu errichten. Die Stadt stellte ihm ein Grundstück zur Verfügung, den späteren Grünen Hügel, zwischen Bahnhof und Hoher Warte. Das darauf 1872–76 erbaute Richard-Wagner-Festspielhaus konnte den aufs monumentale gerichteten An-

"Ich hoffe, Sie sind sich darüber im klaren, daß im nächsten Krieg die erste Bombe auf das Festspielhaus und die zweite auf Wahnfried fallen wird. Ihr liegt nur fünf Minuten im Luftweg von der tschechischen Grenze entfernt" *(Hitler gegenüber der Familie Wagner)*

1 Haus Wahnfried nach dem Bombentreffer vom 5. April 1945

1 Bibliothek und Musiksaal im Haus Wahnfried

1 Galerie im Obergeschoss

1 Grabmal des Ehepaars Wagner

1 US-Soldat am Wagner-Flügel im Haus Wahnfried (1945)

Winifred Wagner 1897–1980

Winifred Wagner wurde als Winifred Williams in Hastings (England) geboren. Noch bevor sie 2 Jahre alt wurde, starben beide Eltern. Nach einigen Waisenhaus-Aufenthalten wurde sie von Karl Klindworth, einem entfernten deutschen Verwandten und Wagner-Freund, adoptiert. Mit 18 heiratete sie den 28 Jahre älteren Wagner-Sohn Siegfried. Winifred W. gehörte zu Adolf Hitlers frühesten Anhängern. Bereits 1923 empfing sie den "völkischen" Agitator im > Haus Wahnfried.

Frustriert in der Ehe mit dem viel älteren und dazu homosexuell veranlagten Siegfried, himmelte sie den kommenden "Führer" und Reichskanzler an. Der genoss die Nähe zur Familie seines Idols Richard Wagner, schätzte Winifreds anhängliche Verehrung und gab gern den "guten Onkel Wolf", den väterlichen Freund von Winifreds Kindern. Besonders Wieland, der Erstgeborene, hatte es ihm angetan. Der durfte ihn sogar fotografieren und die Bilder verkaufen. Im Laufe der Kriegsjahre kühlte das Verhältnis zu Winifred merklich ab, während ihre Söhne Wieland und Wolfgang weiter Hitlers Gunst genossen. Dem "Führer" missfiel zunehmend Winifreds Einsatz für Verfolgte des Regimes.

Im Spruchkammerverfahren vor der "Entnazifizierungs"-Behörde bekannte sich Winifred Wagner zu ihrer Sympathie für die "völkische" Nazi-Ideologie und auch zu ihrer, wie sie meinte, "rein persönlichen Beziehung" zu Hitler. Wohl auch um ihre Kinder zu schützen, nahm sie als offizielles Oberhaupt des Wagner-Clans und langjährige Bayreuther Festspiel-Chefin (1930–1945) alle Schuld auf sich. Sie gab auf Drängen der Söhne sogar die Leitung der Festspiele ab und zog sich in ihr Oberwarmensteinacher "Exil" zurück. Winifred Wagner blieb bis zu ihrem Tod mit 82 Jahren ihrer Rolle treu: als sehr persönliche Hitler-Freundin und letzte öffentlich bekennende, "ehrliche" Nazi-Frau der Republik.

sprüchen von Adolf Hitler nicht genügen. Bereits 1933 beauftragte er den Kölner Architekten Emil Rudolf Mewes mit Neubauplänen. Diese sahen vor, das alte Bühnenhaus sowie den Zuschauerraum zu erhalten und in einen viergeschossigen Neubaublock mit angegliedertem Ehrenhof zu integrieren. An der Böschung zwischen dem Vorhof und der Auffahrtsallee sollte eine monumentale Kaskade entstehen, beiderseits flankiert von zwei riesigen Rossebändiger-Gruppen. Die Planungen stießen auf derart heftigen Protest seitens der Wagnerianer – selbst die Hitler sonst so ergebene > Winifred Wagner erhob Einspruch –, dass sie nur unter strikter Geheimhaltung bis 1941 weiter betrieben werden konnten. Auf dem Grünen Hügel finden noch heute alljährlich die Richard-Wagner-Festspiele unter reger Anteilnahme prominenter Politiker und Schauspieler statt.
→ *Festspielhügel 1–2* ⏰ Sept–Okt 10, 11, 14, 15 Uhr, Dez–Apr 10, 14 Uhr

3 Hotel Bayreuth Direkt neben dem geplanten neuen Festspielhaus, in unmittelbarer Nähe zum Hofgarten und der geplanten Gauhalle, sollte nach Adolf Hitlers Wünschen im Zuge der Planungen für das > Gauforum ein neues Großhotel entstehen. Dafür wurde zu Beginn des Jahres 1939 ein Wettbewerb unter 12 Architekten ausgeschrieben, aus dem Hans Großmann als Sieger hervorging. Bauliches Vorbild sollte ein italienischer Renaissance-Palazzo sein. Das Hotel sollte 200 Betten und eine 350 Quadratmeter große Halle haben. Für Hitler und seine Begleitung war ein gesonderter Flügel vorgesehen, mit einer überdachten Direktverbindung zum geplanten neuen Theater. Die Planungen wurden nicht ausgeführt. → *Ludwigstraße/Hofgarten*

4 Neue Spinnerei, KZ-Außenlager Bayreuth Nur durch die Hausarbeit einer Gymnasiastin erfuhren die Bayreuther 1989, dass es in ihrer Stadt während des "Dritten Reiches" ein Außenlager des > KZ Flossenbürg gegeben hat: am Stadtrand, unterhalb des *Grünen Hügels*, auf dem Gelände der Neuen Baumwollspinnerei. Als stellvertretender ziviler Leiter fungierte von September 1944 bis April 1945 in diesem KZ Richard-Wagner-Enkel Wieland (1917–1986), erstgeborener Sohn der "Führer"-Verehrerin > Winifred Wagner und erklärter Liebling des väterlichen Freundes Adolf Hitler (in dessen Rolle als "guter Onkel Wolf"). Was Wieland Wagner in diesem Lager zu tun hatte (und was er wirklich tat), ist bis heute ungeklärt. Er selbst hat darüber zeitlebens geschwiegen. Tatsache ist, dass der damals 27-jährige durch seine leitende Tätigkeit der drohenden Einberufung zum Volkssturm entkam (und nicht einmal den für Künstler vorgesehenen Ersatzdienst in der Rüstungsindustrie leisten musste). Zu verdanken hatte er den Druckposten seinem mächtigen Schwager Bodo Lafferentz, einem SS Obersturmbannführer und Träger des Totenkopfringes der SS. Der ranghohe NS-Funktionär hatte bereits im Juni 1944 in Bayreuth das streng geheime, als KZ-Außenlager geführte "Institut für physikalische Forschung" gegründet, dessen Aufgabe es war, die Zielsicherheit von ferngelenkten Raketen, speziell der "Vergeltungswaffen" V1 und V2, zu verbessern. Die Bayreuther waren von der späten Entdeckung der historischen Hypothek seinerzeit wenig begeistert. Nach dem Abriss des KZ-Werksgebäudes erinnert heute nur noch ein Gedenkstein auf einem Parkplatz an das KZ-Außenlager Bayreuth. → *Spinnereistraße*

2 Festspielhaus auf dem Grünen Hügel (1890)

2 Modell der geplanten Erweiterung des Festspielhauses

4 Neue Baumwollspinnerei (heute)

2 Am Festspielhaus (heute)

2 A. Hitler mit Winifred Wagner, 1939, im Hintergrund A. Speer (2. v. r.)

Der Nationalsozialistische Lehrerbund *(NSLB) stieg nach Hitlers Machtübernahme zur alleinigen Lehrerorganisation im Deutschen Reich auf. Sitz der Organisation war Bayreuth (Luitpoldplatz), da hier der Gründer und erste Reichswalter des Lehrerbundes, Hans Schemm, zugleich als Leiter des Gaues "Bayerische Ostmark" (später Gau Bayreuth) amtierte.*

5 Weihehalle im Haus der Deutschen Erziehung (1935)

Das "Haus der Deutschen Erziehung"

5 Haus der Deutschen Erziehung / Sitz der E.ON Bayern AG Das "Haus der Deutschen Erziehung", ein an mittelalterliche Konstruktionsprinzipien angelehnter zweistökkiger *Weihetempel*, ging auf eine fixe Idee des Bayreuther Gauleiters Fritz Schemm zurück. Der wollte Bayreuth zum Verwaltungszentrum der reichsweit vereinigten NS-Lehrerschaft ausbauen, mit dem "Haus der Deutschen Erziehung" als symbolischem und funktionalem Zentrum. Das 1935 fertiggestellte Gebäude sollte nach dem Willen seines Architekten Hans Reissinger einerseits *"den neuen Geist"* symbolisieren, andererseits "in Baumasse, Dachform und fränkischem Sandsteinmaterial die Traditionsgebundenheit und die Ehrfurcht versinnbildlichen, die das Erziehungsproblem als Verpflichtung in sich schließt". Kernstück dieser traditionsgebundenen Architektur im "neuen Geiste" war eine in der Tat Ehrfurcht gebietende doppelgeschossige Halle: die vom Standbild der "deutschen Mutter" beherrschte "Weihehalle der Erziehung". Das Gebäude wurde im Krieg schwer beschädigt, aber 1947 "entmonumentalisiert" wieder aufgebaut. In den Folgejahren mehrfach renoviert und umgebaut, dient es heute als Verwaltungsgebäude des Energiekonzerns E.ON. → *Luitpoldplatz 5*

5 Portal des Hauses der Deutschen Erziehung (1935)

6 Gauforum Bayreuth Adolf Hitler hatte mit der kleinen Stadt Bayreuth Großes vor. Sie sollte nicht nur Sitz der Gauleitung, sondern auch die Hauptstadt des Gaues Ostmark werden. Entsprechend großartig waren seine Baupläne für das beschauliche Residenzstädtchen, das er am 12. Februar 1939 per Führer-Erlass in den Kreis der "Neugestaltungsstädte" aufnehmen ließ. Für das Projekt Gauforum gab es zwei Planungsphasen. Die erste dauerte von 1934–1937, bezog sich räumlich auf das Gelände östlich der Ludwig-Siebert-Halle und südlich des Hofgartens rund um den Geißmarkt und war noch relativ maßvoll (Entwurf Hans Schmitz und Hans Reissinger). Die zweite megalomanische Planungsphase dauerte von 1937–1942 (Entwurf Hans Reissinger und Hans Großmann). Sie sah eine monumentale "Adolf-Hitler-Allee", den Abriss ganzer Straßenzüge und den Neubau eines kompletten Stadtviertels vor, mit Aufmarschplatz, Gauhalle und Großhotel (> "Hotel Bayreuth"). Bis auf die Errichtung einer Bauhütte sowie kleinerer Aushubarbeiten an der Jean-Paul-Straße wurde nichts davon realisiert. → *Ludwig-/Richard-Wagner-/Cosima-Wagner-Straße/Hofgarten*

5 Zerstörte Weihehalle, April 1945

2 Wagner-Büste von Arno Breker

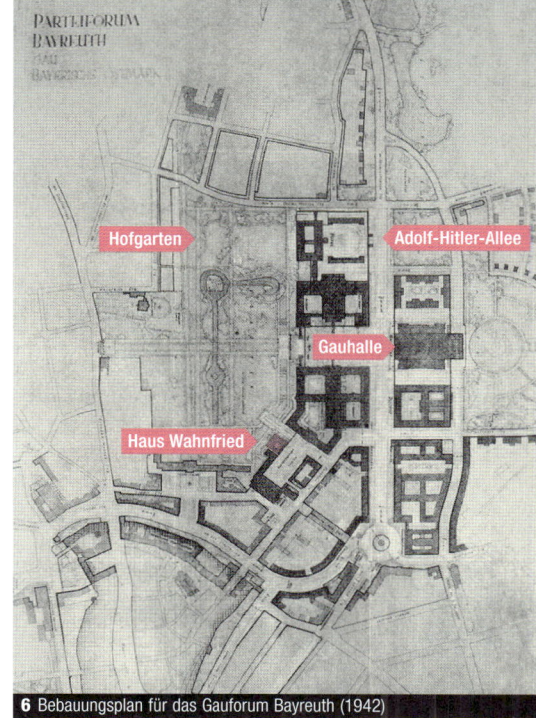

6 Bebauungsplan für das Gauforum Bayreuth (1942)

Umland

"Mit nur wenigen Landstrichen fühlte sich Hitler so eng verbunden wie mit Franken", schreibt der Nürnberger Publizist und Zeitgeschichtler Egon Fein in seinem Buch "Hitlers Weg nach Nürnberg". Im NS-Mustergau habe *"der Bierhallen-Prediger aus München sich den 'Brückenkopf' zur Eroberung des ganzen Reichs"* geschaffen. Bei so viel Nazi-Nähe kann es nicht verwundern, dass man nicht nur in der "Führerstadt" Nürnberg selbst, sondern auch im Umland der Noris fast überall auf Spuren der NS-Vergangenheit stößt. Im Osten ist es vor allem das in der Nähe der oberpfälzischen Stadt Weiden gelegene Konzentrationslager Flossenbürg mit seinen rund 100 Außenlagern, die über ganz Nordbayern verstreut waren. Das größte befand sich in Hersbruck. Dort hatte man nachts jene Arbeitskräfte eingesperrt, die tagsüber Stollen in einen nahen Bergstock graben mussten, für das "Doggerwerk", eine unterirdische Produktionsanlage von BMW-Flugzeugtriebwerken.

Im Westen waren es insbesondere zwei Städte – die Kugellagerstadt Schweinfurt und die Gauhauptstadt Würzburg –, die mit schwersten Bombardierungen durch die Alliierten für ihre Verwicklungen in das NS-Regime büßen mussten. Und selbst die Idylle der Fränkischen Schweiz im Norden Nürnbergs konnte täuschen: In der mittelalterlich anmutenden Burg Feuerstein, einem Bau aus der NS-Zeit, versteckte sich ein geheimes Hochfrequenz-Forschungslabor samt Versuchssender.

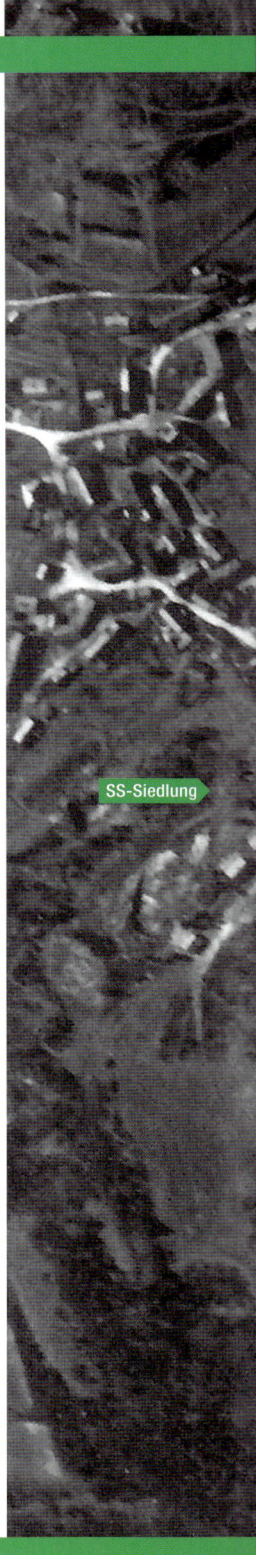

SS-Siedlung

14 Luftbild des KZ Flossenbürg (März 1945)

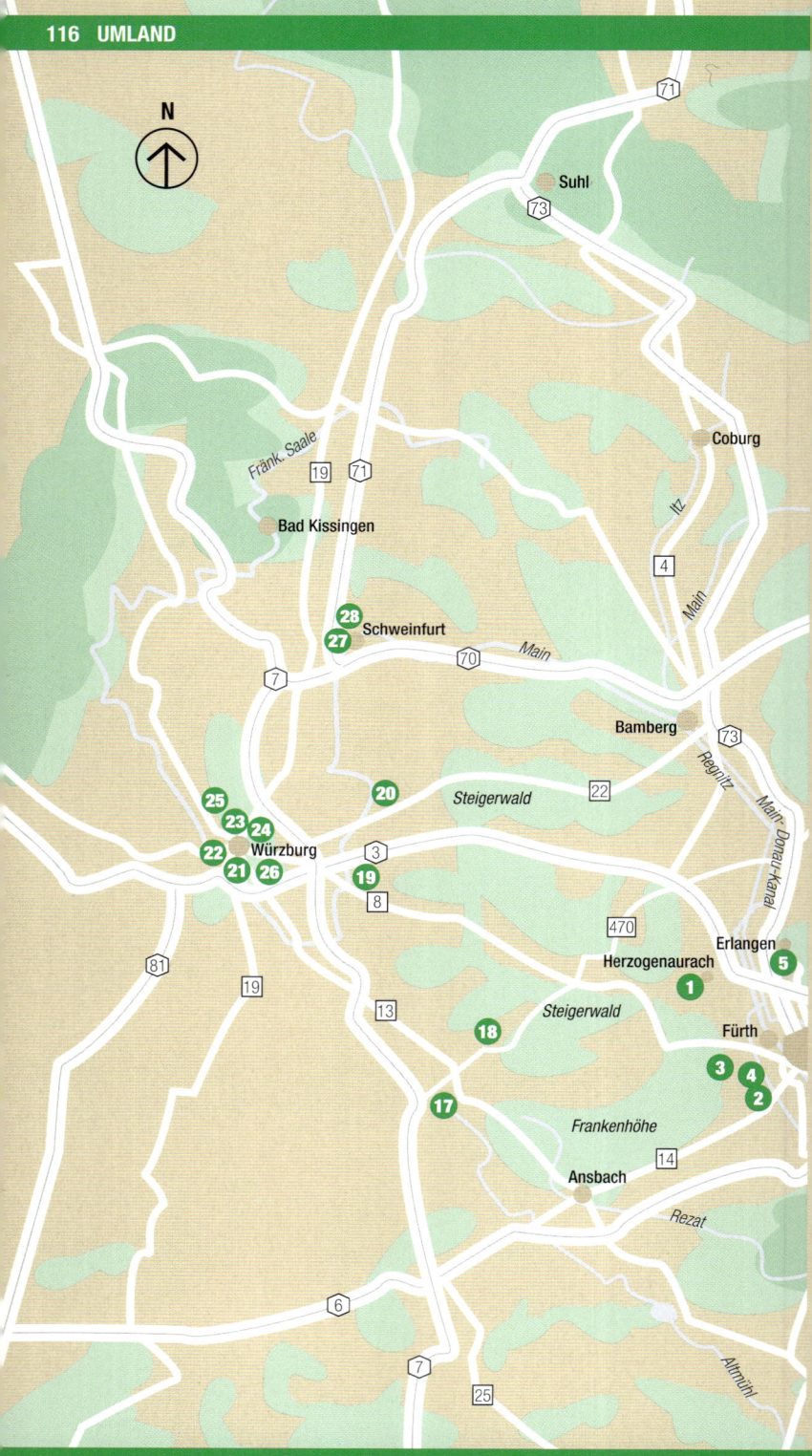

UMLAND 117

UMLAND

"Geda" 1924 wagten die Brüder Rudolf und Adolf Dassler in Herzogenaurach die Gründung einer eigenen Schuhfabrik **"Gebr. Da**ssler", abgekürzt "Geda", die sich von Anfang an auf die Fertigung von Spezialschuhwerk "für Turnen, Spiel u. Sport" konzentrierte. Rudolf fungierte als kaufmännischer Leiter, sein jüngerer Bruder Adolf war für die Produktion verantwortlich.

1 Adolf "Adi" Dassler in der brüderlichen Schuhfabrik, um 1926

Der "Panzerschreck" aus der Schuhfabrik

1 Schuhfabrik Gebrüder Dassler OHG / Corporate Headquarter der Adidas-Gruppe Das mittelfränkische Herzogenaurach im Nürnberger Hinterland war schon immer ein Schuhmacher-Städtchen. 1922 zählte man dort 112 "Schlappenschuster", bei gerade mal 3.500 Einwohnern. Doch zwei Herzogenauracher Edelschustern war es vorbehalten, das Städtchen weltberühmt zu machen: den Gebrüdern Adolf und Rudolf Dassler. Bereits bei den Olympischen Spielen von 1932 in Los Angeles errang ein deutscher Sprinter in Dassler-Spikes die Bronze-Medaille, bei den Spielen von 1936 in Berlin war es der US-Amerikaner Jesse Owens, der viermal mit Dassler-Schuhen siegte.

Heute sind "Adidas" (Adolf "**Adi**" **Das**sler) und "Puma" (Rudolf Dassler) – die Firmen der beiden Brüder, die sich 1947 trennten – zwei berühmte Weltmarken. Den 2. Weltkrieg haben die "Spike-Brothers" unbeschadet überstanden, mussten allerdings ihr Schuh-Werk zu einer Waffenschmiede umrüsten: In der Fabrikhalle wurde ab 1943 die

Raketen-Panzerbüchse 54, genannt "Panzerschreck", gefertigt, *"die erste Waffe, mit der die deutschen Infanteristen auf sich allein gestellt einen Panzer aus der Ferne zerstören konnten",* so der Münchner Militärhistoriker Christian Hartmann. *"Wenn der Panzerschreck in großer Stückzahl schon 1941 im Russlandfeldzug hätte eingesetzt werden können, wäre Moskau sehr wahrscheinlich gefallen"* (Hartmann). Moskau steht noch, dafür tauchten nach dem 2. Weltkrieg zahlreiche Rohre, die noch nicht zum "Panzerschreck" verarbeitet worden waren, im Herzogenauracher Stadtbild auf – als Dachrinnen oder Zaunsäulen, in denen gern Meisen nisteten.

Ein weiteres Relikt aus der NS-Zeit, der 1936–39 von der Luftwaffenbauverwaltung errichtete und nach dem Krieg lange Jahre von der US-Army als "Herzo-Base" genutzte Fliegerhorst, konnte inzwischen – Adi Dassler selig sei's gedankt – ebenfalls einer friedlichen Nutzung zugeführt werden. Das 114 Hektar große Gelände beheimatet heute, in vier "Welten" aufgeteilt, die Adidas-Firmenzentrale.
→ *Adi-Dassler-Platz 1 (Adidas-Stammwerk), Adi-Dassler-Str. 1 (Adidas Group/Herzo-Base), Olympiaring 2 (Adidas-Factory-Outlet), Würzburger Straße 13 (Puma-Stammwerk), Zeppelinstraße 2 (Puma-Factory-Outlet), Herzogenaurach*

2 Schloss Faber-Castell

Das Städtchen Stein südlich von Nürnbergs ist weltberühmt durch die Bleistift-Dynastie Faber-Castell, die dort seit fast 250 Jahren ihren Firmen- und Familiensitz hat. Das in einem weitläufigen Park gelegene Schloss der Grafen-Familie war zweifacher Schauplatz der Geschichte des "Dritten Reiches": Zu Beginn des 2. Weltkrieges besetzte es die deutsche Wehrmacht und installierte im

1 Elternhaus der Dasslers Am Hirtengraben 12 (heute)

1 Neues Fabrikgebäude der Gebrüder Dassler, rechts: Wohnhaus (1938)

1 Fabrikgebäude (heute)

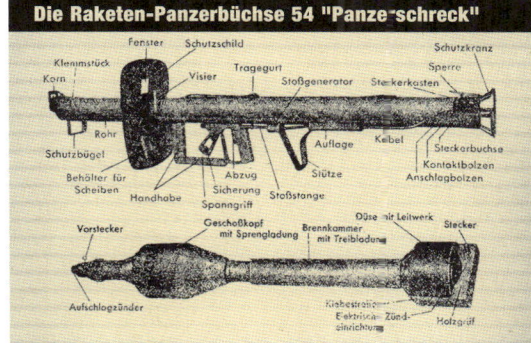

2 Schloss Faber-Castell in Stein (1946)

3 Jüd. Grabstein als Türschwelle

3 Streichers Gut Pleikershof (1946)

6 Aufgegebene "Tempo"-Fabrik in Heroldsberg

Turm eine Flakscheinwerferabteilung. Nach dem Krieg 1945 beschlagnahmten es die Alliierten und richteten darin ein Internationales Presse-Camp für die Beobachter der > Nürnberger Kriegsverbrecherprozesse ein. Zu den prominentesten Schlossgästen gehörten der US-Schriftsteller John Dos Passos und die britische Autorin Rebecca West. Eigentlich sollte der US-Chefankläger > Robert H. Jackson in dem Gebäudekomplex logieren, doch der lehnte dankend ab: *"Da werde ich ja zum Gespött der Journalisten."*
Das Schloss befindet sich nach wie vor in Familienbesitz. Es kann besichtigt werden. Eine Dauerausstellung dokumentiert die Unternehmensgeschichte von Faber-Castell. → *Nürnberger Straße 2, Stein ⏲ jeden 3. So im Monat 11–17 Uhr*

3 Streichers Gut Pleikershof

Als > Julius Streicher, Gauleiter von Franken und Herausgeber des antisemitischen Hetzblattes > "Der Stürmer", 1940 aller Parteiämtern enthoben wurde, zog er sich nach Pleikershof zurück, ein landwirtschaftliches Gut in der Nähe von Cadolzburg bei Fürth, das er angeblich zu einem "Mustergut" ausbauen wollte. Kuh-, Pferde- und Schweinestall sowie eine Scheune waren bereits fertiggestellt, nur das Wohngebäude fehlte noch. Also zog Streicher in die Verwalterwohnung im Obergeschoss des Schweinestalls. US-Soldaten entdeckten nach der Einnahme des Grundstücks jüdische Grabsteine, die Streicher als Türschwellen an seinem Haus hatte einsetzen lassen. Unmittelbar nach dem Krieg diente der Hof zunächst als Unterkunft für Displaced Persons, dann als Lehrgut (Kibbuz Nili) für auswanderungswillige ehemalige jüdische KZ-Häftlinge. Seit 1951 befindet er sich in Privatbesitz. → *Pleikershofer Straße, Steinbach*

4 Hermann-Göring-Kaserne / Pinder-Park

Die nach dem Oberbefehlshaber der Luftwaffe, Reichsmarschall Hermann Göring, benannte Zirndorfer Flak-Kaserne (1939) hatte den 2. Weltkrieg unversehrt überstanden und diente bis Mitte der 90er Jahre der US-Army in gleicher (Kasernen-) Funktion ("Pinder Barracks"). Durch ihre Bauweise im "fränkischen Stil" wirkte die Kasernen-Anlage weniger abschreckend als andere Militärbauten. Was ihr aber letztlich nichts half: Nach der Rückgabe an die Bundesrepublik wurde der gesamte Gebäudekomplex zu Gunsten einer neuen Wohnsiedlung (Pinder-Park) abgerissen. Nur der alte Torturm und das ehemalige Wachgebäude blieben verschont. → *Thomas-Mann-Straße, Zirndorf*

5 Schlossplatz Erlangen

Erlangen, im Städteverbund mit Nürnberg und Fürth eines der 23 Oberzentren des Freistaates Bayern, wird heute vor allem durch die Friedrich-Alexander-Universität und den Elektrokonzern Siemens geprägt.
Im "Dritten Reich" sind Erlangen und seine Universität weniger rühmlich hervorgetreten.
Am 12. Mai 1933 fand auf dem Schlossplatz eine Bücherverbrennung statt, ganz nach dem Berliner Muster. Auf einem Pferdekarren hatte man die eingesammelten Bücher herangeschafft, ein Studentenvertreter hielt, auf dem Karren stehend, die "Feuerrede". → *Schlossplatz, Erlangen*

6 Vereinigte Papierwerke ("Tempo")

1929 brachten die Vereinigten Papierwerke Nürnberg mit Stammsitz im nahen Heroldsberg ein Produkt auf den Markt, das zum Gattungsbegriff werden sollte: "Tempo", das Papiertaschentuch zum Wegwerfen. Die Produktidee schreibt man dem damaligen Mitinhaber der Vereinigten Papierwerke Oskar Rosenfelder zu. Doch das jüdische Unternehmen durfte sich nicht lange seines Erfolgs erfreuen. Im Wege der "Arisierung" konnte der Fürther Versandhändler Gustav Schickedanz im Jahr 1935 die Vereinigten Papierwerke günstig erwerben. Die Nachfrage nach Tempo-Taschentüchern stieg in der Folgezeit rapide an. 1939 betrug die Produktion bereits 400 Millionen Stück, 1955 waren es mehr als 1 Milliarde, 1977 mehr als zehn Milliarden. Doch das Stammwerk Heroldsberg hatte das Nachsehen: Zwischen 1985 und 1987 wurde die gesamte Produktion nach Neuss verlagert. 1994 ging das inzwischen in VP-Schickedanz AG umgetaufte Unternehmen an den US-amerikanischen Konzern Procter & Gamble.
Das ehemalige Werksgelände in Heroldsberg wird seitdem nicht mehr genutzt und verfällt langsam. → *Ziegelweg, Heroldsberg*

6 Ehem. Vereinigte Papierwerke

6 Ehem. Vereinigte Papierwerke

6 Hermann-Göring-Kaserne (1939)

"Doggerwerk" und KZ Hersbruck

Das "Doggerwerk"

Im Kriegsjahr 1944 wurden die deutschen Rüstungsbetriebe immer häufiger Ziel alliierter Bomberverbände. Daher beschloss das NS-Regime, kriegswichtige Betriebe zunehmend in bombensichere Räume zu verlagern. In diesem Zusammenhang kam das Reichsrüstungs-Ministerium mit dem Reichsluftfahrt-Ministerium am 1. März 1944 überein, für die Produktion von Jagdflugzeugen (und Jagdflugzeugmotoren) einen so genannten Jägerstab einzusetzen. Der befahl im Frühjahr 1944 den Bayerischen Motorenwerken (BMW) in München, die Fertigung des Flugzeugmotors "BMW 801" demnächst vom Werk II in Allach (bei München) nach Happurg in die Hersbrucker Schweiz zu verlagern. Dort hatte man damit begonnen, in den Bergstock der Houbirg eine unterirdische Produktionsanlage zu bohren und zu brechen. Das streng geheime Projekt "BMW-Verlagerung Hersbruck" erhielt die Objekt-Nummer "B 521" und den Tarnnamen "Esche I", der später in "Dogger" umgewandelt wurde (nach dem in der Houbirg dominierenden Dogger-Sandstein).

Geplant war Gigantisches: ein unterirdisches Stollensystem von ursprünglich 180.000 Quadratmetern Fertigungsfläche (die im Laufe der Bauausführung auf 95.000 Quadratmeter reduziert wurden) mit bis zu sieben Meter breiten und fünf Meter hohen Längs- und Querstollen. Von der geplanten Anlage wurden bis zur Einstellung der Bauarbeiten im April 1945 nur drei Längsstollen mit Gesamtlängen zwischen 270 und 400 Metern fertig aufgebrochen und zum Teil ausbetoniert, das waren 15 Prozent der geplanten unterirdischen Fabrik. Für diese insgesamt vier Kilometer wurden rund 550.000 Kubikmeter Doggersandstein aus dem Berg gebrochen. Diese Schwerstarbeit mussten, unter Anleitung von 400 deutschen Bergleuten, Tausende von Zwangsarbeitern erledigen, die meisten davon Häftlinge des nahen

8 Blick in den "Doggerstollen F" (heute)

> KZ Hersbruck. Die Stolleneingänge wurden in den Nachkriegsjahren zugemauert. Nur der Eingang des Stollens "F" ist heute noch zugänglich, aber mit einen schweren Stahlgitter gegen unbefugtes Eindringen gesichert. Wegen Einsturzgefahr darf man das "Doggerwerk" nur mit offizieller Erlaubnis und in Begleitung eines Bergbau-Ingenieurs betreten. Im Umfeld der Stolleneingänge finden sich als Relikte der Bauarbeiten Überreste von Lastenaufzügen und ein aufgelassener Bahndamm. In der Region erinnern mehrere Gedenksteine und Tafeln an die Opfer unter den KZ-Häftlingen. Die Stollen befinden sich an den West-Hängen des Bergs Houbirgs der vom Ortskern Happurgs über den Höhenweg zu erreichen ist.

8 Blick auf das KZ Hersbruck (1945), links: Fundstück aus dem "Doggerwerk"

7 Diehl-Werke Röthenbach

Das Nürnberger Industrie- und Rüstungsunternehmen > Diehl zählt zu den größten deutschen Konzernen, die nach wie vor komplett in Familienhand sind. Während des "Dritten Reiches" stieg Diehl zu einem der größten Rüstungsunternehmen in Franken auf. Zu den beiden Nürnberger Werken kam 1937 das Werk III in Röthenbach hinzu. Kernstück des Metallguss- und Presswerks war eine 3.500-Tonnen-Presse, die damals größte in Deutschland. 1939 baute Diehl in Röthenbach eine weitere Fabrik, in der v.a. Munition für die Wehrmacht hergestellt wurde. Beide Werke wurden 1944 bei Luftangriffen stark beschädigt. Heute produziert Diehl in Röthenbach u.a. Artillerie, Aufklärungssysteme und "intelligente" Munitionen. Unmittelbar neben dem Werk befindet sich an der H.-Diehl-Straße das "Museum für historische Wehrtechnik" (mit MUNA-Sonderausstellung). → *Fischbachstraße 16–20, Röthenbach*

8 KZ Hersbruck / Finanzamt Hersbruck, Frankenalb Therme

Für die KZ-Häftlinge, die im nahen Happurg eine unterirdische Rüstungsfabrik bauen sollten, das > "Doggerwerk", wurde im Frühjahr 1944 am östlichen Ortsausgang von Hersbruck ein Lager errichtet, umgeben von einem stromgeladenen Stacheldrahtzaun und 10 Wachtürmen, die vom benachbarten "Strudelbad" aus (heute "Frankenalb Therme") gut zu sehen waren. Das Barackenlager wurde 1951 abgebrochen. In der einstigen SS-Kaserne ist heute das Finanzamt untergebracht. Auf dem ehem. Appell- und Hinrichtungsplatz parken nun die Autos der Freibadbesucher. Weitere Informationen sind in der "Dokumentationsstätte KZ Hersbruck" erhältlich. → *Mauerweg 17 (Dokumentationsstätte), Amberger Straße 76 (Finanzamt)*

8 Blick auf das Strudelbad um 1936, hinten: Teil des späteren KZ-Geländes

8 Neues Strudelbad (heute)

8 Ehem. SS-Kaserne in Hersbruck

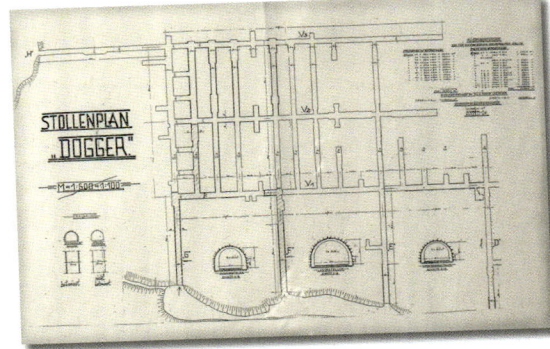

8 Ehem. Eingang zum Stollensystem des "Doggerwerks"

124 UMLAND

Die Schenken von Stauffenberg sind schwäbischer Uradel. Ihr Stammsitz liegt in der Nähe von Hechingen im württembergischen Schwaben. Auf die württembergische Herkunft verweist auch das Wappen. Die schreitenden Löwen mit den vorgestreckten Zungen und den vorgeworfenen rechten Vorderpranken sind dem mittelalterlichen Wappen der Hohenstaufen entlehnt.

9 Tribünenränge und Teile der Außenfassade des Deutschen Stadions im Maßstab 1:1 (um 1938)

Das Olympiastadion im Hirschbachtal

9 Modell des Deutschen Stadions im Hirschbachtal

Das > Deutsche Stadion auf dem Nürnberger > RPT-Gelände (Entwurf Albert Speer) sollte die "größte Sportarena der Welt" werden, kam aber über Grundsteinlegung und Aushebung der Baugrube nicht hinaus. Das einzige gebaute Teil entstand ca. 50 Kilometer östlich von Nürnberg bei Oberklausen im idyllischen Hirschbachtal. Hier ließ Albert Speer ein hölzernes Modell der Zuschauerränge und Teile der Außenfassade in Originalgröße in einen Berghang hineinbauen, um verschiedene Neigungswinkel der Sichtverhältnisse zu testen (was bei einer Entfernung von 80 Meter vom obersten Rang bis zum Spielfeld durchaus verständlich war). Die aufragende Holzkonstruktion des Tribünenmodells wurde nach Kriegsende von der US-Army abgetragen, die steinernen Fundamente sind aber größtenteils erhalten geblieben. → *Jägersruh, Hirschbachtal, Oberklausen*

10 Burg Veldenstein
Die 1269 erstmals erwähnte Burg gehörte seit 1897 dem Berliner Stabsarzt Dr. Hermann Ritter von Epenstein, der sie als halbe Ruine für 20.000 Goldmark gekauft und für 1 Million Reichsmark restauriert hatte. Der "halbjüdische" Ritter war eng mit der Familie Göring befreundet, vor allem mit Franziska Göring (genannt "Fanny"), der Mutter des späteren Reichsmarschalls Hermann Göring (1893–1946), dessen Patenonkel Dr. Epenstein war. Die Familie Göring wohnte zeitweilig auf der Burg, Sohn Hermann ging in Neuhaus und Velden zur Schule. 1939, nach dem Tod des Patenonkels, überließ Baronin Elisabeth von Epenstein dem inzwischen zum "zweiten Mann" des "Dritten Reiches" aufgestiegene Göring die Burg. Der kam nun regel-

Die Auffahrt zum Schloss Greifenstein führt in eine lange, von 300-jährigen Linden gesäumte Allee. Rechts passiert man den Gutshof, links liegen die Zwinger der Irish-Terrier. Zwei stehende Steinlöwen flankieren die ehem. Zugbrücke am Portal des Schlosses.

mäßig nach Veldenstein zur Jagd und ließ unter dem Herrenhaus in 15 Metern Tiefe einen Bunker mit eigener Strom- Luft- und Wasserversorgung anlegen. Dagegen soll er die Bitte der Neuhauser Bevölkerung nach dem Bau einer Badeanstalt mit den Worten zurückgewiesen haben: *"Wenn ich meinen Arsch in die Pegnitz halten konnte, dann können die Neuhauser das auch."*
1945 besetzten die US-Armee die Burg und ließen erst einmal mit Presslufthämmern das gesamte Areal umgraben. Sie waren einem Gerücht aufgesessen, wonach Göring dort in den letzten Kriegstagen einen riesigen Goldschatz und wertvolle Kunstwerke versteckt haben soll. Gefunden wurden dann, außer Wein, Sekt und Cognac, allerdings nur alte Messingleuchter. Der heutige Pächter der Burg hat das ehemalige Herrenhaus zu einem Hotel-Restaurant ausgebaut. Die Burg und der Bunker können besichtigt werden.
→ *Burgstraße, Neuhaus/Pegnitz*

11 Schloss Greifenstein

Das 1172 erstmals urkundlich erwähnte Schloss Greifenstein war eigentlich eine Burg und wurde erst Ende des 17. Jahrhunderts zum Jagdschloss umgebaut. Die idyllisch über dem Weiler Neumühle bei Heiligenstadt gelegene Sehenswürdigkeit ist der Stammsitz der Familie von Stauffenberg. Zu dieser Familie gehörte auch Oberst Claus Schenk Graf von Stauffenberg, der am 20. Juli 1944 das Attentat auf Adolf Hitler verübte. Unmittelbar darauf wurden alle Familienmitglieder in Sippenhaft genommen und das Schloss konfisziert. Der fanatische Bayreuther Gauleiter Wächtler wollte es sogar niederbrennen lassen, was jedoch der Gestapo-Leiter von Nürnberg, Dr. Benno Martin, verhinderte. Schloss Greifenstein befindet sich auch heute noch im Eigentum der fränkischen Linie der Familie Stauffenberg und wird zur Zeit von den Neffen des Hitler-Attentäters bewohnt. In einem Teil des Schlosses ist eine große Sammlung von Jagdwaffen und -trophäen untergebracht, die besichtigt werden kann. → *Greifenstein ⏱ Mo–So 8.30–11.15, 13.30–16.45, im Winter geänderte Öffnungszeiten*

12 Burg Feuerstein Die mittelalterlich anmutende Burg, idyllisch gelegen auf einem Höhenzug der Fränkischen Schweiz, stammt nicht aus dem Mittelalter, sondern aus dem "Dritten Reich", und war auch keine Burg, sondern ein militärisches Objekt. 1941 suchte der für das Oberkommando der Wehrmacht tätige Professor für Hochfrequenztechnik und Elektroakustik Dr. Oskar Vierling aus Hannover nach einem Standort für ein geheimes Forschungslabor (inklusive Versuchssender), zentral gelegen, aber abseits der großen Städte. Für den Standort bei Ebermannstadt sprach, dass hier bereits eine Straße vom Arbeitsdienst angelegt worden war und dass gleich nebenan ein Steinbruch lag. Denn oberstes Gebot des Vierling-Projekts war offenbar die Tarnung. Und was konnte in einer Gegend voller Burgen schon unauffälliger sein, als das – allem Anschein nach kriegstechnisch äusserst

10 Tor der Burg Veldenstein

10 Görings Bunker unter der Burg

10 Burgherr Hermann Göring

Die Burg Veldenstein mit dem mächtigen Burgfried wurde im Jahr 1269 als "novum castrum" erstmals urkundlich erwähnt.

12 Burg Feuerstein, Baujahr 1942 (heute)

11 Allee zum Schloss Greifenstein

12 Steinbruch der Burg Feuerstein

11 Schloss Greifenstein, noch heute Wohnsitz der Familie von Stauffenberg

14 Fenster der Kapelle "Jesus im Kerker", r.: D. Bonhoeffer

wichtige - Geheimlabor (mit bis zu 250 Mitarbeitern!) in einer scheinbar mittelalterlichen, Burg zu verstecken, den weißen Tuffstein zur Tarnung mit Ruß zu schwärzen und zur weiteren Camouflage das Dach mit einem Roten Kreuz zu versehen. Was seinerzeit auf Burg Feuerstein alles an Waffen- und Kommunikationstechnik geforscht wurde, ist bis heute weitgehend unbekannt, alle Baupläne und Dokumente wurden bei Kriegsende vernichtet. Immerhin existiert ein sicheres Relikt aus jenen Geheimjahren, ein bombensicheres sogar: der heutige Weinkeller. Er war früher ein begehbarer Safe. Seit 1946 ist die Pseudo-Burg eine katholische Jugend- und Begegnungsstätte, die "Jugendburg" Feuerstein → *Burg Feuerstein 2, Ebermannstadt*

13 KZ Außenlager Pottenstein

"Touristenidylle und KZ-Grauen". So hat der Journalist Peter Engelbrecht sein Buch genannt, in dem es um die *"Vergangenheitsbewältigung in Pottenstein"* (so der Untertitel) geht. In dem romantischen Ferienort mitten in der Fränkischen Schweiz befand sich in einer Scheune im Löhrgäßchen von 1942–45 ein Außenlager des > KZ Flossenbürg. Über 700 Gefangene mussten dort beim Ausbau der "Teufelshöhle", des Felsenbades sowie des Schöngrundsees, dreier auch heute noch beliebter Touristen-Attraktionen, Schwerstarbeit leisten. Prof. Hans Brand (1879–1959), *"Erforscher und Erschließer der Teufelshöhle und unermüdlicher Förderer des Fremdenverkehrs der Fränkischen Schweiz"* (so eine Gedenktafel), hatte die Zwangsarbeiter nach Pottenstein geholt. Das konnte er, weil er nicht nur Höhlenforscher war, sondern auch Kommandeur der "SS-Karstwehr", einer Einheit, die später in Italien und Slowenien

Im Arrestbau des KZ Flossenbürg wurden auch prominente NS-Gegner aus Militär, Kirche und Politik gefangen gehalten wie z. B. der evangelische Theologe Dietrich Bonhoeffer und der Leiter der Abteilung Ausland/Abwehr Admiral Wilhelm Canaris. Beide gehörten zu den Widerstandskämpfern des 20. Juli und wurden 1945 im Hof des Arrestbaus gehängt.

14 Sklavenarbeit im Steinbruch des KZ-Flossenbürg um 1943

Steine für das Reichsparteitaggelände

wütete. 610 dieser SS-Gebirgsjäger waren in einem großen, von KZ-Häftlingen errichteten Lager am Bernitz in Pottenstein stationiert. Viele der Zwangsarbeiter kamen damals ums Leben, Hunderte wurden entkräftet wieder nach Flossenbürg zurückgeschickt – und damit meist in den sicheren Tod. Nach dem Krieg wurde der verdienstvolle Höhlenprofessor Brand in Pottenstein mit einer Gedenktafel geehrt und eine Straße nach ihm benannt.
→ *Löhrgäßchen (KZ-Außenlager), Pegnitzer Straße, Pottenstein ("Teufelshöhle", Felsenbad, Schöngrundsee)*

14 KZ Flossenbürg / KZ Gedenkstätte Flossenbürg

Das KZ Flossenbürg wurde im Mai 1938 errichtet. Für den Standort sprachen die reichen Granitvorkommen. Bis 1942 mussten die Häftlinge hauptsächlich in den nahegelegenen Steinbrüchen für den Bau des > Reichspaqrteitagsgeländes arbeiten. Ihr offizieller Arbeitgeber war das SS-eigene Wirtschaftsunternehmen DESt (Deutsche Erd- und Steinwerke). Ab 1942 ging die SS dazu über, immer mehr Außenlager des KZ Flossenbürg zu errichten. Dort mussten die Häftlinge vor allem für Rüstungsbetriebe arbeiten. Am Schluss waren es über 100 Außenlager in ganz Nordbayern sowie in Böhmen und Sachsen. Auch in Flossenbürg wurden nun die Häftlinge verstärkt zur Rüstungsproduktion herangezogen. Auftraggeber war hier die Firma Messerschmitt. Insgesamt wurden im KZ Flossenburg und seinen Außenlagern zwischen 1938 und 1945 ungefähr 100.000 Häftlinge aus 30 Ländern registriert. Mindestens 30.000 davon überlebten die Torturen nicht. Im April 1945 evakuierte die SS

Auf Weisung der US-amerikanischen Militärregierung musste die einheimische Bevölkerung in der Ortsmitte von Flossenburg für die toten Häftlinge des Konzentrationslagers einen Ehrenfriedhof anlegen. Polnische "Displaced Persons" errichteten im Juni 1946 am Friedhofsgelände ein steinernes Denkmal.

Konzentrationslager Flossenbürg

Flossenbürg – das vergessene KZ

Das KZ Flossenbürg war eines der grausamsten Arbeitslager des NS-Regimes. Hier wurden rund 100.000 Gefangene ausgebeutet, gequält und vielfach zu Tode geschunden.

Alle Häftlinge, die morgens durch das Tor das Lager verlassen hatten, mussten abends wieder durch das Tor zurückkehren, samt der Leichen jener, die den Tag im Arbeitseinsatz nicht überlebt hatten.

Das Zentrum des Lagers bildete der Appellplatz. Hier fanden Strafaktionen und Hinrichtungen statt. Im Kellergeschoss der Wäschereibaracke befand sich das Häftlingsbad. Neu angekommenen Gefangenen mussten hier ihre gesamten privaten Habseligkeiten und ihrer Kleidung abgeben. Sämtliche Körperhaare wurden abrasiert, dann wurden die Häftlinge unter die Duschen getrieben, die entweder zu heiß oder zu kalt eingestellt waren.

Einheitlich blau-weiß gestreifte Häftlingskleidung und die zugeteilte Häftlingsnummer beraubten den Einzelnen seiner Persönlichkeit und unterwarfen ihn der absoluten Verfügungsgewalt der SS-Wachen.

Die Häftlingsbaracken (Blocks) waren für je 300 Gefangene geplant. Später wurden fast 1.000 Häftlinge hineingepfercht. Völlig unzureichende hygienische Verhältnisse führten zu Krankheiten und Epidemien. Das Krankenrevier bestand aus drei abgegrenzten Baracken, in denen schwerkranke Häftlinge untergebracht waren. Absichtliche Vernachlässigung, dauernde Unterernährung, schlechte hygienische Verhältnisse und grassierende Seuchen machten es zu einem Sterberevier. In den 40 Einzelzellen des Arrestbaus wurden willkürlich Lagerstrafen vollzogen, Häftlinge gefoltert und mit Einzelhaft bei Nahrungsentzug und Verdunkelung bestraft.

Der Arrestbau diente auch als Gefängnis für Sonderhäftlinge. In den Isolierblocks sollten ursprünglich 2.000 sowjetische Kriegsgefangene untergebracht werden. Die wurden aber in einem so schlechten körperlichen Zustand

14 "Todesrampe" zum Krematorium des KZ

in Flossenbürg eingeliefert, dass man sie im Krankenrevier unterbringen musste. Deshalb hat man die eigentlich zur Isolierung der russischen Gefangenen bestimmten Baracken als Quarantäne- und Sterbeblocks benutzt.

Ab Herbst 1944 stieg die Zahl der Toten im KZ Flossenbürg derart stark an, dass ein Tunnel mit anschließender Rampe anlegte wurde, um die Leichen leichter und weniger auffällig zum Krematorium transportieren zu können.

Der Einstieg zum Tunnel war mit einem Gitter gesichert und lag in der Nähe der Quarantäne- und Sterbeblöcke. Tunnel, Rampe und Krematorium wurden nach 1945 zum Symbol des Massenmords im KZ Flossenbürg.

Die ab 1946 angelegte Gedenkstätte "Tal des Todes" erinnert an die mindestens 30.000 KZ-Opfer aus ganz Europa und Nordamerika. Für den Bau der Kapelle "Jesus im Kerker" hat man die Steine abgebrochener Wachtürme benutzt.

14 Essensausgabe im Steinbruch des KZ, im Hintergrund die Ruine der Burg Flossenbürg

das Lager. Als US-Soldaten das KZ Flossenbürg am 23. April 1945 befreiten, fanden sie dort nur noch 1.500 Todkranke vor. Heute befindet sich auf dem ehemaligen KZ-Gelände eine Gedenkstätte mit verschiedenen Dauerausstellungen in den noch erhaltenen Lagergebäuden.
→ *Gedächtnisallee 5–7, Flossenbürg* ⊙ *Mo–So 9–17 Uhr*

15 Martin-Luther-Kirche

Das Besondere an diesem Bauwerk ist seine steinige Vergangenheit: Die Friedhofshalle wurde in der NS-Zeit aus Steinen der abgebrochenen Nürnberger > Hauptsynagoge am Hans-Sachs-Platz errichtet, die Kirche selbst nach dem Kriege (1955) aus Steinen des abgebrochenen 'Cramer-Klett-Palais', des einstigen Wohnsitzes Julius Streichers (> Streicher-Villa). → *Regensburger Str. 16–18, Schwarzenbruck*

16 Denkmal der "Nationalen Erhebung" / Denkmal für die Opfer des Faschismus

Der 3,50 Meter hohe und 3 Meter breite Pylon aus Kalkstein ist ein gemeinschaftliches Freizeitwerk der örtlichen NSDAP, SA und HJ von Hilpoltstein, einem Städtchen südlich von Nürnberg. Er stammt aus dem Jahr 1934 und soll an die "Nationale Erhebung" der NS-"Bewegung" erinnern. Man hat die rauen Bossenquader nicht zufällig auf die "Solarer Höhe" gesetzt. Dort wurden nämlich traditionsgemäß die Sonnwendfeiern abgehalten. Außerdem befanden sich bereits eine Hitler- und eine Hindenburg-Eiche auf dem Feierhügel. Das Denkmal ist erhalten. Man hat nur das (hölzerne) Hakenkreuz durch ein christliches Kreuz ersetzt und die Opferschalen an den Sockel versetzt. Derart verändert soll es heute an die Opfer des Faschismus erinnern. → *Gredinger Straße, Solarer Höhe, Hilpoltstein*

14 Kapelle "Jesus im Kerker", erbaut aus ehem. Wachtürmen des KZ

14 Messerschmitt-Fertigungshalle des KZ Flossenbürg

14 Sowjetischer Gedenkstein

14 Galgen auf dem KZ-Appellplatz

14 Ehem. Krematorium des KZ Flossenbürg im "Tal des Todes"

Hans-Ulrich Rudel (1916-1982) war der höchstdekorierte deutsche Soldat im "Dritten Reich" (Ritterkreuz des Eisernen Kreuzes mit Goldenem Eichenlaub, Schwertern und Brillanten). Bei 2.530 Feindflügen vernichtete er rund 2.000 Ziele, darunter 519 Panzer, ein Schlachtschiff, einen Zerstörer und 13 Flugzeuge. Am 8. Mai 1945 ergab sich Rudel in Kitzingen der US-Armee.

Kapitulation mit Schwertern und Brillanten

17 Naturdenkmal "Eisernes Kreuz" Dieses Kriegerdenkmal zu Ehren der Gefallenen des 1. Weltkriegs ist eigentlich nur aus der Vogelperspektive zu erkennen: Ein Wald aus 64 Eichen, eingefasst von einer niedrigen Mauer, bildet ein Eisernes Kreuz. Zu finden ist dieses unübliche Denkmal an der Flanke eines Hügels im Naturpark Frankenhöhe westlich von Burgbernheim. → *Hungerbrunnenweg, Burgbernheim*

18 Denkmal für die Gefallenen des 9. November 1923 / Denkmal "Deutscher Osten"
1935 pflanzten die Nationalsozialisten des Städtchens Bad Windsheim 16 Eichen auf einen Hügel zu Ehre der "November-Gefallenen" des Hitler-Putsches vom 9. November 1923. Den Eichen gegenüber stellten sie ein Thingstein auf. Gedacht war das Ganze für bis zu 5.000 Zuschauer. Heute ist die Thingstätte – versehen mit einem Ostlandkreuz – zum Denkmal "Deutscher Osten" umgewidmet. 15 der Eichen stehen noch. → *Weinturmweg, Bad Windsheim*

19 Fliegerhorst Kitzingen
Der 1934/35 gebaute Militärflugplatz in Kitzingen war Sitz des Fliegerhorstes der 1. Staffel des Sturzkampf-Geschwaders 51. Bekannt wurde er aber durch den Kapitän der 3. Staffel des Stuka-Geschwaders 2 "Immelmann" Hans-Ulrich Rudel. Das Flieger-Ass hatte sich bei Kriegsende den Fliegerhorst Kitzingen ausgesucht, um sich dort mit seinen Staffelkameraden in US-amerikanische Gefangenschaft zu begeben. Am 8. Mai 1945 startete die Staffel mit drei *Junkers 87* und vier *Focke-Wulf 190* vom Sitz ihres Geschwaders im (bereits weitgehend sowjetisch besetzten) Norden Böhmens, entkam nur knapp dem Angriff russischer Jäger und landete wenig später in Kitzingen, wohlbehalten, aber absichtlich mit Bruch. Beim Anflug hatte der – offenbar immer noch im nationalsozialistischem Endkampf-Denken befangene – Kapitän seinen Staffelkameraden den Befehl zur Bruchlandung gegeben. Den GI's sollten keine flugklaren Maschinen in die Hände fallen. Nach dem 2. Weltkrieg gelang es Rudel, sich nach Argentinien abzusetzen. Nach dem Putsch des Generals Pinochet von 1973 ging er für ein paar Jahre nach Chile und ließ sich in der berüchtigten *Colonia Dignidad* nieder. Später kehrte er nach Deutschland zurück, veröffentlichte mehrere verklärende

19 Sturzkampfbomber (Stuka) Ju 87, wie ihn Hans-Ulrich Rudel flog.

Darstellungen der Kriegsereignisse und engagierte sich in der rechtsextremen Szene, wo er noch heute als Held verehrt wird. Hans-Ulrich Rudel starb 1982 in Rosenheim. Während seiner Beisetzung im mittelfränkischen Dornhausen überflogen Jagdflugzeuge der Bundeswehr-Luftwaffe den Friedhof. Mehrere Trauergäste salutierten am Grab mit dem Hitlergruß. → *Richthofenstraße, Kitzingen*

19 Eingangstor zum ehem. Fliegerhorst in Kitzingen

20 Klosterkirche Münsterschwarzach

Der Neubau einer Kirche war während des "Dritten Reiches" keine leichte Sache. Eine der Ausnahmen ist die Klosterkirche im mainfränkischen Münsterschwarzach. Dort durften die Benediktiner-Mönche in den Jahren 1935–38 ihre 1803 säkularisierte und 1825 abgerissene Abteikirche neu errichten. Der Architekt Albert Boßlet galt damals als bedeutendster Vertreter wuchtiger, romanisierender Kirchenbauformen. Auch für Münsterschwarzach entwarf Boßlet Romanisierend-Großes, ja -Größtes: Mit ihren 88 Metern Länge und 26 Metern Höhe, vier Türmen und einem gewaltigen Chor beherrscht die Abtei wie eine sakrale Ordensburg das Wein-Maintal. Bei der feierlichen Einweihung im September 1938 wehten neben den Kirchenbannern auch die Nazi-Fahnen, flatterte das Haken- einträchtig neben dem Christenkreuz. Doch schon drei Jahre später sollte sich zeigen, dass alle Annäherung an das Regime den Klosterbrüdern letztlich nichts geholfen hat: 1941 wurden sie bis auf ein paar "Dienstverpflichtete" erneut vertrieben. Die Abtei wurde aufgehoben, die Kirche geschlossen, das Kloster zu einem Lazarett umfunktioniert. Erst 1945, nach Kriegsende, konnten die Mönche wieder in ihre Abtei zurückkehren. → *Schweinfurter Straße 40, Münsterschwarzach*

18 "November-Gefallene" in einer NS-Publikation

20 Innenraum der Klosterkirche

20 Schwestern am Eingangsportal

20 Klosterkirche Münsterschwarzach

132 UMLAND

Würzburg hat im 20. Jahrhundert eine Reihe bedeutender Persönlichkeiten hervorgebracht. Neben dem Kernphysiker Werner Heisenberg, dem Medienmogul Leo Kirch und dem Basketballer Dirk Nowitzki zählt dazu nicht zuletzt der Kaufmann Josef Neckermann. Schon sein Vater hatte sich als Kohlenhändler landesweit den Ruf eines "Rockefeller von Würzburg" eingehandelt.

"Evakuierungsstelle der Gestapo": Deportation der Würzburger Juden (1938)

Würzburg unterm Hakenkreuz

21 Residenzplatz Bücherverbrennung Schon kurz nach der Machtergreifung begannen die Nationalsozialisten mit der systematischen Verfolgung marxistischer, pazifistischer und jüdischer Schriftsteller wie Bertolt Brecht, Sigmund Freud, Erich Kästner, Thomas und Heinrich Mann, Erich Maria Remarque, Kurt Tucholsky oder Heinrich Heine. Dabei handelte es sich nicht um eine Kampagne des Reichspropaganda-Ministers Dr. Goebbels, sondern um eine planvolle Unternehmung der Deutschen Studentenschaft. Spektakulärer Kulminationspunkt der *"Aktion wider den undeutschen Geist"* waren die am 10. Mai 1933 auf dem Berliner Opernplatz sowie in 21 anderen deutschen Städten mit großem Aufwand inszenierten öffentlichen Bücherverbrennungen. Eine dieser Städte der deutschen Kulturschande war die katholische Universitätsstadt Würzburg. Feuerstelle war hier eine historische Versammlungsstätte (und Schauplatz vieler NS-Aufzüge), 48 Jahre später (zusammen mit Residenz und Hofgarten) in das Weltkulturerbe der UNESCO aufgenommen werden sollte: der Residenzplatz.
→ *Residenzplatz, Würzburg*

22 Gedenkraum "16. März 1945" im Rathaus Grafeneckart Der 16. März 1945 gilt als "Würzburger Schicksalstag". An jenem Tag bombardierte die Royal Air Force etwa 20 Minuten lang die Stadt. Nach dem Feuersturm waren die Residenz total ausgebrannt, die Innenstadt zu 90 Prozent zerstört und mehr als 5.000 Menschen tot. Ein Gedenkraum in der Vorstube des Türmerzimmers im Grafeneckart, ausgestattet u.a. mit einem Modell der in Schutt und Asche gebombten Stadt, erinnert an den schwärzesten Tag in Würzburgs 1.300 Jahre alter Geschichte.
→ *Langgasse 1, Würzburg*
◷ *Mo–So 10–23 Uhr*

"Stolpersteine" sind ein europaweites Projekt des Künstlers Gunter Demnig zum Gedenken an Menschen, die von den Nazis deportiert wurden. Im Gehweg vor einem Kaufhaus in der Schönbornstraße 3 erinnern drei dieser Steine an die Familie Ruschkewitz.

23 Stammsitz der Kaufmannsfamilie Neckermann

Josef Carl Neckermann hatte sich als Kohlenhändler landesweit den Ruf eines "Rockefeller von Würzburg" eingehandelt. Nach dessen Tod trat Sohn Josef 1934 als 22-jähriger Junior in die Geschäftsleitung ein. Doch es hielt nicht lange im Kohlengeschäft. Erst ließ er sich von der Mutter seinen Erbanteil an der väterlichen Kohlenhandlung auszahlen, dann kaufte er damit 1935 das Textilkaufhaus des jüdischen Unternehmers Sigmund Ruschkewitz in der Würzburger Schönbornstraße 3 sowie das Billig-Kaufhaus Merkur. 1938 folgte der Erwerb des von Nürnberg nach Berlin umgezogenen > Wäsche- und Konfektions-Versandhändlers Karl Joel, neben Quelle, Witt-Weiden und Schöpflin damals einer der vier Großen der Branche. Auch Joel hatte unter "Arisierungs"-Druck weit unter Wert verkaufen müssen. So entstand noch vor Kriegsbeginn die erfolgreiche Wäsche- und Kleiderfabrik Josef Neckermann.

Als Mitglied der Reiterstaffel der SA (seit 1933) sowie der NSDAP (seit 1937) genoss Neckermann die Sympathien des Regimes. Über die 1941 gemeinsam mit Hertie-Chef Georg Karg gegründete Zentral-Lager-Gemeinschaft für Bekleidung (ZLG) lieferte er während des Krieges Bekleidung für Zwangsarbeiter und Uniformen für die Soldaten an der Ostfront. Er stieg zum Leiter der Reichsstelle Kleidung auf, der "Führer" verlieh ihm das Kriegsverdienstkreuz 1. Klasse. Kurz vor Kriegsende setzte sich Neckermann von Berlin nach München ab. Er wollte sich von dort aus um die verbliebenen Kleiderbestände der ZLG in Bayern kümmern. Das schien ihm zunächst auch zu gelingen. Er schaffte es sogar, nach Kriegsende für ein paar Monate im Bayerischen Wirtschafts-

22 Blick auf die Würzburger Altstadt in friedlichen Zeiten (1890)

22 Modell der durch Bomben zerstörten Stadt Würzburg im Alten Rathaus

22 Ausgestellte Bomben im Rathaus

22 Rathaus

23 Kaufhaus Ruschkewitz vor der "Arisierung"

23 Neckermann-Hochzeit (1934)

24 Denkmal im Husarenwäldchen

25 Vom NS- zum US-Adler (heute)

25 Torbau der ehem. Hitler-Kaserne

ministerium unterzukommen. Doch dann verurteilte ihn ein US-amerikanisches Militärgericht zu einem Jahr Arbeitslager, zu verbüßen in der Haftanstalt Ebrach, wo man ihn sarkastischer Weise für sein eigenes, inzwischen unter Verwaltung der Alliierten stehendes Unternehmen an der Nähmaschine hart arbeiten ließ. Allerdings nicht sehr lange: Im Sommer 1946 kam Neckermann mit Tuberkulose ins Krankenhaus, wurde aber am Jahresende wieder als freier Mann entlassen. Den Hospitalaufenthalt hatte man ihm auf die Strafe angerechnet. Auch bei seinem Entnazifizierungs-Verfahren im Mai 1948 kam er glimpflich davon. Nur als "Mitläufer" eingestuft, wurde er mit einem Bußgeld von 2.000 Mark belegt.

Bereits wenige Monate später gründete er in Frankfurt am Main die Textilgesellschaft *Neckermann KG*, die zwei Jahre später in die *Neckermann Versand KG* überging. So begann drei Jahre nach dem Krieg die zweite, noch steilere Karriere des Würzburger Kohlenhändlersohns Josef Neckermann. Sein griffiger Slogan *"Neckermann macht's möglich"* wurde zu einem der Kenn- und Kernsprüche der deutschen *Wirtschaftswunderwelt*, er selbst zu einer ihrer Galionsfiguren.

Der Würzburger Firmenstammsitz besteht bis heute in der Innenstadt (Sterngasse 3) unter dem Namen *J. C. Neckermann GmbH & Co.KG* weiter, nur dass man nicht mehr mit Kohle handelt, sondern mit Heizöl im Binnenhafen. Dort, in der Südlichen Hafenstraße, verfügt die *J.C. Neckermann* als einzige Lagerfirma in Würzburg sowohl über eine eigene Schiffsentladestelle als auch über einen eigenen Bahngleisanschluss.
→ *Sterngasse 3 (Stammsitz), Schönbornstraße 3, Würzburg (ehem. Kaufhaus Ruschkewitz)*

Die Neckermann-Uniform

Josef Neckermann, der mit ersten Großaufträgen für die Wehrmacht (60.000 Wolldecken, "Blaumänner" und warme Unterwäsche) bereits gute Geschäfte gemacht hatte, erhielt 1941 den Auftrag, für die frierenden Landser eine Winteruniform zu entwerfen. Zusammen mit Rüstungsminister Albert Speer präsentierte er seine Entwürfe dem "Führer" in der "Wolfsschanze". Danach durfte er 3 Millionen Exemplare herstellen.

"Winterausrüstung? Brauchen wir nicht. Bis dahin sind wir längst wieder zu Hause. Und Nachschub besorgen wir uns in Moskau." (Adolf Hitler vor dem Rußlandfeldzug, 1941)

24 Kriegerdenkmal im Husarenwäldchen

Das von dem Würzburger Bildhauer Fried Heuler gestaltete Kriegerdenkmal im Husarenwäldchen erinnert seit der Einweihung 1933 an die Gefallenen des 1. Weltkrieges. Es war bei den Nationalsozialisten der "Gauhauptstadt" Würzburg sehr beliebt. Hohe Parteifunktionäre legten dort an den Totengedenktagen unter militärischem Brimborium ihre Kränze nieder. → *Rennweg, Würzburg*

UMLAND

25 Adolf-Hitler-Kaserne, Würzburg / Städtisches Asylantenheim Die 1936/37 erbaute Panzernachrichten-Kaserne an der Veitshöchheimer Straße musste mehrfach den Namen wechseln. Erst hieß sie "Nord-Kaserne", ab 1938 "Adolf-Hitler-Kaserne", von 1945 bis 1995 "Emery Barracks". Heute befindet sich in dem Gebäudekomplex ein städtisches Asylantenheim. Ein apartes architektonisches Detail blieb über die wechselvollen Jahre erhalten: der große steinerne Reichsadler über der Wachstube am ehemaligen Haupteingang. Auf der anderen Tor-Seite sind sogar Spuren des Namens "Adolf-Hitler"(-Kaserne) zu entziffern, auch wenn man versucht hat, den Namenszug nach Kriegsende wegzumeißeln. Nicht minder apart ist, dass die US-Soldaten den Reichsadler braun-weiss anmalten, so dass er zum Weisskopf-Seeadler, dem US-Wappentier, wurde. Letzte Farbreste sind heute noch sichtbar. → *Veitshöchheimer Straße/Albert-Einstein-Straße, Würzburg*

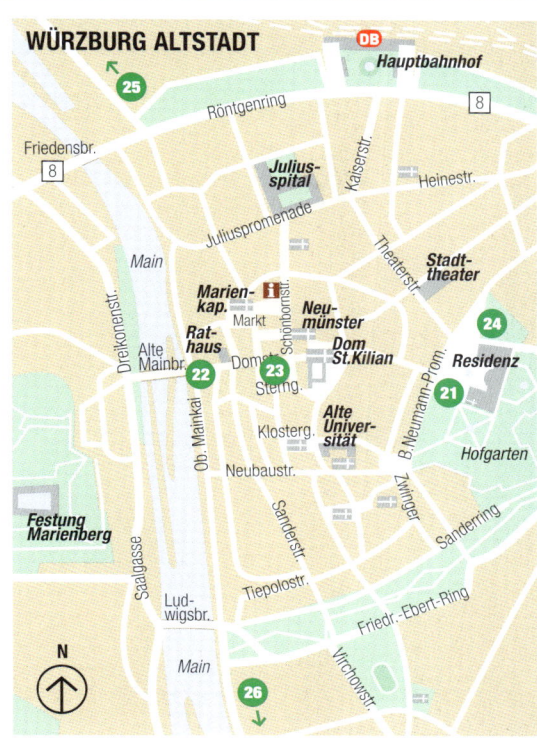

26 Adolf-Hitler-Turm / Sonnenstuhlturm Der 8 Meter hohe "Adolf-Hitler-Turm" von 1938 ist die Idee eines fanatischen Nazis, des damaligen Ortsgruppenleiters der NSDAP in Randersacker Max Gaßner. Zusammen mit dem Bildhauer Philipp Haas sorgte der Schullehrer dafür, dass die südlich von Würzburg gelegene Gemeinde arbeitslose Bauarbeiter damit beauftragte, das Hitler-Denkmal für einen Stundenlohn von 10 Pfennigen auf die Kuppe des Hohenrothberges zu bauen. Restspuren der nach dem Krieg entfernten Hakenkreuze und die Inschrift "1933" sind noch erkennbar. Der Turm trägt heute den Namen Sonnenstuhl und bietet einen sehr guten Ausblick über das Maintal bis hin nach Würzburg. → *Am Rodberg, Hohenrothberg, Randersacker*

26 Adolf-Hitler-Turm auf dem Hohenrothberg (1938)

26 Rampe auf die Aussichtsplattform des ehem. Adolf-Hitler-Turms (heute)

Der Doppelschlag der Alliierten gegen die deutsche Rüstungsindustrie

Die "Operation Double Strike"

"Operation Double Strike" war der Codename einer der verlustreichsten Luftangriffe der US Air Force im 2. Weltkrieg. Der "Doppelschlag"-Plan sah vor, zum ersten Mal zwei Ziele tief im feindlichen Hinterland gleichzeitig zu bombardieren. In Regensburg sollten die am Stadtrand gelegenen Messerschmitt-Werke getroffen werden, seinerzeit die größten Flugzeugwerke Europas, in Schweinfurt die im Westteil der Stadt konzentrierte Kugellager-Industrie.

Plan 1: Am frühen Morgen des 17. August 1943 sollten zwei schwere US-Bomberverbände kurz hintereinander von ihren Basen in England starten. Das sollte der deutschen Luftwaffe die Bekämpfung der feindlichen Bomber erheblich erschweren, da ihre Jagdflugzeuge nach dem ersten Angriff erst wieder zum Auftanken und Neumunitionieren zu ihren Fliegerhorsten hätten zurückkehren müssen.

Plan 2: Der als erster startende und auf Regensburg angesetzte Verband sollte nach der Bombardierung der Messerschmitt-Werke nicht nach England zurückkehren, sondern um den deutschen Jägern zu entgehen, nach Süden abdrehen und in Nordafrika landen. Nur der als zweiter startende und auf Schweinfurt angesetzte Bomberverband sollte auch wieder nach England zurückfliegen. Die Operation verlief nicht nach Plan. Zwar hoben die für das Angriffsziel Regensburg bestimmten Bomber pünktlich von ihren Basen in England ab. Doch ihre Begleitschutzjäger mussten bereits kurz nach Erreichen der deutschen Westgrenze wegen Treibstoffmangels abdrehen. Die zweite Panne: Der für das Ziel Schweinfurt vorgesehene zweite Bomberverband konnte wegen dichten Nebels erst drei Stunden später starten – Zeit genug für die Jäger der Luftwaffe, sich auf die zweite Abwehrschlacht vorzubereiten.

Radaranlage "FuMG 39 Würzburg Dora TD" (1944)

Fazit: Insgesamt wurden bei der "Operation Double Strike" 60 "Fliegende Festungen" von den Deutschen abgeschossen, 176 Bomber wurden beschädigt, etwa 600 US-Amerikaner verloren ihr Leben. Die Luftwaffe verlor angeblich nur 25 Flugzeuge und einige Besatzungsmitglieder. Das Ziel, die Rüstungsindustrie nachhaltig zu schädigen, wurde nicht erreicht. Zwar erlitt die Kugellager-Industrie Produktionsausfälle von 34 Prozent. Doch gelang es Rüstungsminister > Albert Speer, diese Ausfälle (auch) durch Importe aus der Schweiz und Schweden weitgehend zu kompensieren. Auch bei Messerschmitt in Regensburg wurden trotz der schweren Bombenschäden weiter Flugzeuge gebaut, allerdings ging man verstärkt dazu über, die Produktion in unterirdische Fabriken auszulagern.

Amerikanische B-17 Bomber unter heftigem Flakbeschuss der deutschen Luftabwehr

27 Willy-Sachs-Stadion, Schweinfurt

Das "Willy-Sachs-Stadion" ist ein Geburtstagsgeschenk des Kugellager-Fabrikanten Willy Sachs an seine Heimatstadt aus dem Jahr 1936. Doch nicht die Stadt feierte damals Geburtstag, sondern der Schenker selbst, nämlich seinen Vierzigsten. Willy Sachs, Sohn des Erfinders der "Torpedo"-Freilaufnabe Ernst Sachs und Vater des Playboys Gunter Sachs, war dem "Dritten Reich" als Sturmbannführer im Stab des SS Reichsführers Heinrich Himmler verbunden. Der Stadionbau (Gesamtplanung Paul Bonatz) wurde seinerzeit von der Propaganda als Beweis für das Verantwortungsgefühl eines deutschen Fabrikanten gegenüber seinen Arbeitern gefeiert. Das Stadion, das während des "Dritten Reiches" gern für NS-Großveranstaltungen genutzt wurde, ist erhalten. Auch der Bronzeadler steht noch auf seinem Pfeiler am Stadiontor. Sein Schöpfer ist der Bildhauer Ludwig Gies (1887–1966). In der Nachkriegszeit wurde er besonders als Gestalter des Bundesadlers ("fette Henne") im Bundestages in Bonn bekannt. Heute hängt das Emblem im Plenarsaal des Berliner Reichstags. → *Niederwerrner Straße 98, Schweinfurt*

28 FAG-Kugelfischer, SKF-Werk, Fichtel & Sachs

Die unterfränkische Arbeiterstadt Schweinfurt war eine der wichtigsten Adressen der deutschen Rüstungsindustrie. Dort wurde ein Produkt hergestellt, was alle Militär-Fahr- und -Flugzeuge dringend brauchten, wenn ihre Räder *"für den Sieg rollen"* sollten: Kugellager. 52 Prozent der deutschen Kugellager-Produktion war bei Kriegsbeginn in Schweinfurt angesiedelt, konzentriert auf wenige Werke großer Hersteller vorwiegend im Westen der Stadt. Namentlich die *Großen Drei*: die "Schweinfurter Präzisions-Kugellagerwerke Fichtel & Sachs", die FAG Kugelfischer Georg Schäfer KG sowie die "Svenska Kugellagerfabriken AB SKF" (die auch während des Krieges weiter für Deutschlands Rüstung produzierte).

So lag es nahe, dass die Strategen der Alliierten schon frühzeitig auf die Idee kamen, durch konzentrierte Luftangriffe auf Schweinfurt eine der wichtigsten Zulieferer-Industrien der deutschen Kriegsmaschinerie wenn nicht auszuschalten, so doch massiv zu behindern. Das vernichtende Ergebnis dieser strategischen Überlegungen: Schweinfurt wurde während des 2. Weltkriegs 22 mal von insgesamt 2.285 britischen und US-Flugzeugen aus der Luft angegriffen (darunter die > "Double Strike"-Attacke). Dabei wurden insgesamt etwa 600.000 Bomben abgeworfen. Danach lag zwar die halbe Stadt in Schutt und Asche (und über 1.000 Zivilisten hatten ihr Leben verloren), doch das eigentliche Ziel der Alliierten, den Kugellager-Nachschub entscheidend zu beeinträchtigen, wurde bis Kriegsende nicht erreicht. → *Georg-Schäfer-Straße 30 (FAG), Ernst-Sachs-Straße (SKF, ZF Sachs), Schweinfurt*

28 FAG-Logo von 1905

28 Friedrich Fischer (1899)

28 Bombenangriff auf das FAG-Werk

28 Demontage des Kugelfischer-Werkes (1946)

INDEX

A

Adolf-Hitler-Jugendherberge **11**
Adolf-Hitler-Kaserne **135**
Adolf-Hitler-Turm **135**
AEG-Werk **89**
Albrecht-Dürer-Haus **11**
Alte Hauptsynagoge **20**
Alte Kongresshalle **46**
Alter Israelitischer Friedhof, Nürnberg **37**
Alter Jüdischer Friedhof, Fürth **94**
Altes Jüdisches Waisenhaus **96**
Alter Tiergarten **49**
Altes Rathaus **12**
Arabella Sheraton Hotel **31**
ARDIE-Werk **38**
August-Meier-Heim **58**
Ausstellungsbau **49**

B

Bahnhof Dutzendteich **65**
Bahnhof Märzfeld **67**
Bahnhof Nürnberg-Fischbach **81**
Bahnhof Zollhaus **66**
Bahnhofsverwaltung **34**
Bratwurstglöckle **14**
Bundesamt für Migration und Flüchtlinge **82**
Burg Feuerstein **125**
Burg Veldenstein **124**
Burger King **62**

C

Clubgelände 1. FC Nürnberg **58**
Corporate Headquarter der Adidas-Gruppe **118**
Cramer-Klett-Park **41**

D

DAF-Lager **58**
DB-Museum **33**
Denkmal der "Nationalen Erhebung" **129**
Denkmal "Deutscher Osten" **130**
Denkmal für die Gefallenen des 9. November 1923 **130**
Denkmal für die Opfer des Faschismus **129**
Deutsches Stadion **54**
Diehl-Werke Röthenbach **123**
Direktion der AOK-Mittelfranken **35**
Dokumentationszentrum Reichsparteitagsgelände **52**
Dynamit-Nobel AG, Fürth **102**

F

FAG-Kugelfischer **137**
Fichtel & Sachs **137**
Finanzamt Hersbruck **123**
Firma D&M Katzenberger **37**
Fliegerhorst Kitzingen **130**
Flughafen am Marienberg **84**
Flughafen Nürnberg-Fürth **100**
Frankenalb Therme **123**
Frauenkirche **18**

G

Gasthaus "Blaue Traube" **21**
Garnisonsmuseum **89**
Gästehaus der NSDAP **31**
Gänsberg **97**
Gauforum Bayreuth **113**
Gauhaus Franken **30**
Geburtshaus Heinrich Hoffmann **98**
Geburtshaus Heinz Alfred (Henry) Kissinger **95**
Geburtshaus Ludwig Erhard **97**
Gedenkraum "16. März 1945" im Rathaus Grafeneckart **132**
Gesellschaftshaus des Industrie- und Kulturvereins **35**
Gestapo Leitstelle Nürnberg-Fürth **22**
Germanisches National- museum **24**
Golfplatz Fürth **12**
Grand Hotel **31**
Große Straße **50**
Grundig-Werke **103**
Grübelbunker **20**
Gut Pleikershof **120**

H

Hauptmarkt **15**
Hauptverwaltung der Diehl-Stiftung **40**
Hauptsynagoge Fürth **94**
Haus der Deutschen Erziehung **112**
Haus Wahnfried **108**
Hermann-Göring-Kaserne **121**
Hermann-Göring-Schule **86**
Hirschbachtal **124**
Historischer Kunstbunker **19**

Index

INDEX

Hitler, Adolf **33**
Hochbunker "Hohe Marter" **89**
Hochbunker im Spittlertorturm **24**
Hochbunker Wöhrd **41**
Hotel Bayreuth **110**
Hotel der NS-Presse **12**
Hotel Deutscher Hof **32**
Hotel Fränkischer Hof **31**

J

Jüdisches Museum **97**
Jugendherberge Nürnberg **11**
Justizpalast **36**

K

"KdF-Stadt" **58**
Kfz-Zulassungsbehörde **84**
Klosterkirche Münsterschwarzach **131**
Kongresshalle **52**
Kriegerdenkmal im Husarenwäldchen **134**
Kriegsgefangenenlager "Stalag XIII D" und "Oflag 73" **65**
Konrad-Groß-Schule **86**
Kulturbau **49**
KZ-Außenlager Bayreuth **111**
KZ-Außenlager Pottenstein **126**
KZ Flossenbürg **127**
KZ Gedenkstätte Flossenbürg **127**
KZ Hersbruck **123**

L

Luftgaukommando XIII **84**
Luitpoldarena **46**
Luitpoldhain **46**
Luitpoldhalle **46**
Lochgefängnisse **12**

M

MAN Panzer- und Motorenfabrik **80**
MAN-Werk **80**
Martin-Luther-Kirche **129**
Märzfeld **64**
"Mesusa" **94**
Modell des Deutschen Stadions im Hirschbachtal **124**
Museum Tucherschloss **19**
Munitionsfabrik der Dynamit AG **85**

N

Naturdenkmal "Eisernes Kreuz" **130**
Neue Spinnerei **111**
Nürnberger Felsengänge **18**
Nürnberger Nachfolgeprozesse **12**
Nürnberger Prozesse **68**
Nürnberger Stadion **62**
Nürnberger Stadionbad **62**

O

Opernhaus **32**

P

Palmenhofbunker **22**
Paniersbunker **19**
Pinder-Park **121**
Pleikershof **120**
Polizeipräsidium Nürnberg **22**

R

RAD-Lager **58**
Reichsbahndirektion **34**
Reichsburg **10**
Reichsparteitaggelände **42**
Residenzplatz Bücherverbrennung, Würzburg **132**
Riefenstahl, Leni **59**
Richard-Wagner-Festspielhaus **109**
Richard-Wagner-Museum **108**
Robert Bosch GmbH **88**
RUAG Ammotec GmbH **102**
Rundfunkmuseum der Stadt Fürth **12**
Ruine der Katharinenkirche **23**

S

SA-Lager **65**
Schloss Faber-Castell **119**
Schloss Greifenstein **125**
Schlossplatz Erlangen **121**
Schuhfabrik Gebrüder Dassler OHG **118**
Siemens-Schuckert-Werke **40**
Siemens-Schuckert-Werke "Nerzbau" **81**
Siemens-Werk **40**
"Silbersee" **54**
"Silberbuck" **54**
Sitz der E.ON Bayern AG **112**
SKF-Werk **137**
Sonnenstuhlturm **135**

Spittlertorturm **24**
Speer, Albert **55**
SS-Kaserne **82**
Stadtteil Langwasser Nord **64**
Stadtteil Langwasser Süd **65**
Stadtmuseum Fembohaus **12**
Städtisches Asylantenheim, Würzburg **135**
Stammsitz der Kaufmannsfamilie Neckermann **133**
St. Sebalduskirche **13**
St. Johannis Friedhof **41**
Streicher, Julius **13**
Südfriedhof **81**
Synagoge Essenweinstraße **34**
Synagogen-Gedenkstein **94**

T

Tiergarten **83**

U

Umspannwerk Regensburgerstraße **62**

V

Vereinigte Papierwerke ("Tempo") **121**
Verlagshaus und Redaktion "Der Stürmer" **21**
Verlagshaus Nürnberger Presse **12**
Versandhaus Quelle **99**
Villa Julius Streicher **41**
Volksfestplatz **49**

W

Wagner, Winifred **110**
Wasserausgleichsturm "Hoher Bühl" **65**
Wäsche und Kleiderfabrik Josef Neckermann **39**
Wäsche und Kleiderfabrik Karl Amson Joel **39**
Willy-Sachs-Stadion, Schweinfurt **137**
Wohnhaus Jakob Wassermann **96**
Wohnheim **84**

Z

Zeppelinfeld **60**
Zeppelintribüne **60**
"Zeugenhaus" **85**
Zündapp-Werk **88**

KARTEN

Altstadt **28**
Außenbezirke **78**
Bayreuth **106**
Fürth **92**
Innenstadt **28**
Orientierung **2**
Reichsparteitagsgelände **44**
Umland **116**
Würzburg **135**

SONDERTHEMEN

2. Januar 1945 **25**
Hitler und sein Mustergau **33**
Das organisierte Ritual
 der Partei **51**
"Doggerwerk" **122**
Flossenbürg - das
 vergessene KZ **128**
Hauptkriegsverbrecher **72**
Kindheit eines Reichsmar-
 schalls **97**
Neckermann-Uniform **12**
"Nürnberger Gesetze" **35**
"Operation Double Strike" **136**
"Panzerknacker" **80**
"Triumph des Willens" **59**
Raketen-Panzerbüchse 54
 "Panzerschreck" **119**
"Stürmer"-Verlag **20**
"Urteil von Nürnberg" **75**
Zündapp-Porsche **38**

BIOGRAFIEN

Drexel, Dr. Joseph E. **30**
Grundig, Max **103**
Hitler, Adolf **33**
Jackson, Robert H. **70**
Kempner, Dr. Robert M. W. **85**
Riefenstahl, Leni **59**
Rudel, Hans-Ulrich **130**
Schickedanz, Gustav **99**
Speer, Albert **55**
Streicher, Julius **13**
Wagner, Winifred **110**

LITERATUR

Fein, Egon: Hitlers Weg nach Nürnberg, Nürnberg 2002

Fritzsch, Robert: Nürnberg unterm Hakenkreuz, Düsseldorf 1983

Fritzsch, Robert: Nürnberg im Krieg, Düsseldorf 1984

Hamann, Brigitte: Winifred Wagner oder Hitlers Bayreuth, München 2002

Kempner, Robert: Ankläger einer Epoche, Frankfurt/M./Berlin/Wien 1983

Kohl, Christiane: Das Zeugenhaus, München 2005

Kohl, Christiane: Der Jude und das Mädchen, Hamburg 1997

Nerdinger, Winfried (Hrsg.): Bauen im Nationalsozialismus, Bayern 1933-1945, München 1993

Nestmeyer, Ralf: Nürnberg - Fürth - Erlangen, 2. Auflage, Erlangen 2000

Nürnberg zu Fuß, Hamburg 1988

Radlmaier, Steffen/Zelnhefer, Siegfried: Tatort Nürnberg, Cadolzburg 2002

Riestra, Pablo de la: Nürnberg, Die historische Altstadt, Petersberg 2005

Schieber, Martin: Nürnberg, Eine illustrierte Geschichte der Stadt, München 2000

Schmidt, Alexander/Urban, Markus: Reichsparteitagsgelände Nürnberg, Nürnberg 2006

Weihsmann, Helmut: Bauen unterm Hakenkreuz, Wien 1998

INTERNET

www.baukunst-nuernberg.de
www.bauzeugen.de
www.museen.nuernberg.de
www.thirdreichruins.com
www.wikipedia.org

FOTOGRAFIEN

Alle Fotografien, Karten und Illustrationen, die nicht explizit ausgewiesen sind, stammen aus dem Archiv des Verlages, bzw. von *PastFinder Images*. Einzelne Fotografien stammen aus dem Archiv der Autoren. Trotz großer Bemühungen konnten in vereinzelten Fällen die Rechte-Inhaber nicht ermittelt werden.

Archiv des Versandhauses Quelle: S. 98 u.M., u.l.

Dokumentationsstätte KZ Hersbruck e.V.: S. 122, S. 123 o.r., u.r.

FAG-Kugelfischer: S. 137 o.r., u.r.

National Archives: S. 23 u.M.r, S. 24/25 u., S. 36 o., M.o., M.r., u., S. 37 o.r., u.M.r., S. 68, S. 70 o., o.M., S. 71o., u.M.r., u.M.l., u., S. 72/73 o., S. 74 o.M., u., S. 75 o.r., o.M.l., o.M.r., u.M.r., S. 80 o.M., S. 82 o.M., S. 115

USHMM Photo Archive: S. 94 u., S. 127 o.M., S. 128, S. 129 o.M.

Wikipedia Commons, Public Domain: S. 38 u.

IMPRESSUM

PASTFINDER® LTD.
www.pastfinder.de
info@pastfinder.de

2. Auflage MMX
© MMX PastFinder® Ltd.

ISBN 978-3-00-020329-9

REDAKTION
STAAB/KOPLECK:DESIGN!
Brend'amourstraße 31
40545 Düsseldorf
www.pastfinder.de
info@pastfinder.de

Konzeption, Art Direction, Produktion, Fotos, Illustration, Kartographie: Maik Kopleck, Brigitte Staab

DRUCK
AZ Druck und Datentechnik GmbH, Kempten im Allgäu

VERTRIEB
GeoCenter, T & M /
Touristik Medienservice GmbH
Schockenriedstraße 44,
70565 Stuttgart
www.geocenter.de

ÜBER DEN HERAUSGEBER
Maik Kopleck (Jg. 1975)
Kommunikationsdesign-Studium an der FH Düsseldorf, freier Art Director für verschiedene Werbeagenturen (u.a. BBDO Düsseldorf und BBDO Berlin), freier Fotograf in San Francisco. Arbeitet als Designer, Fotograf, Autor, Gründer und Verleger des PastFinder in Düsseldorf und Singapur.

ÜBER DEN AUTOR
Robert Kuhn (geb. 1937 in Fürth/Bay.) Gelernter Jurist (ehem. Rechtsanwalt am OLG Düsseldorf), angelernter Werbetexter (GGK Düsseldorf), ungelernter Journalist (SPIEGEL-Büro Düsseldorf). Kurzzeitiger Pressesprecher im Bundesjustizministerium (unter Dr. Hans-Jochen Vogel), promovierter Zeitgeschichtler ("Die Krise der Weimarer Justiz"), vielfacher Sachbuchautor und -herausgeber. Lebt in Düsseldorf.

DANKSAGUNG
- Dr. Hans-Jochen Vogel
- Ulrich Maly, OB Nürnberg
- Stiftung "Gegen Vergessen - Für Demokratie"
- Prof. Vilibald Barl
- Hans Höfer
- Dokumentationsstätte KZ Hersbruck e.V.
- Horst Haßlinger
- Oliver Schmidtgen
- Stefan R. Fleischauer

ANREGUNGEN
Senden Sie Anregungen, Kritik und Vorschläge bitte an:

info@pastfinder.de

DIESES Buch, einschließlich aller seiner Teile, ist urheberrechtlich geschützt. Vervielfältigungen, Übersetzungen, Mikroverfilmungen sowie die Einspeicherung und Verarbeitung in elektronischen Systemen bedürfen der schriftlichen Zustimmung des Verlages.

PastFinder® ist ein eingetragenes Markenzeichen.

Die Informationen in diesem Stadtführer stammen aus zuverlässigen Quellen; für ihre Vollständigkeit und Richtigkeit können wir jedoch keine Haftung übernehmen. Bewertungen von Sehenswürdigkeiten, Personen oder historischen Ereignissen geben die Sicht der Autoren wieder.

www.pastfinder.de

Nassauerhaus in der Karolinenstraße, um 1890

Weitere Publikationen aus der erfolgreichen PastFinder-Serie:

"Wer einmal anfängt, hört nicht wieder auf, so spannend wird Geschichte hier erzählt."
– Frankfurter Allgemeine Zeitung

"Informativ und sachlich."
– Süddeutsche Zeitung

"Kompakt, übersichtlich und mit einer Fülle gut recherchierter Texte." *– Hamburger Abendblatt*

REISEFÜHRER (14,90 EUR)

PastFinder Berlin 1933–1945
deutsch, englisch, russisch, italienisch, spanisch
ISBN 978-3-86153-326-9

PastFinder Berlin 1945–1989
deutsch, englisch
ISBN 978-3-86153-375-7

PastFinder München
deutsch, englisch, italienisch, spanisch
ISBN 978-3-86153-354-2

PastFinder Obersalzberg
deutsch, englisch
ISBN 978-3-86153-355-9

PastFinder Hamburg
deutsch, englisch
ISBN 978-3-00-020331-2

PastFinder Nürnberg
deutsch, englisch
ISBN 978-3-00-020329-9

PastFinder Düsseldorf
deutsch, englisch
ISBN 978-988-99780-5-1

weitere Titel in Vorbereitung ...

STADTFÜHRER (5,90 EUR)

PastFinderZIKZAK Berlin
deutsch, englisch
ISBN 978-988-99780-2-0

PastFinderZIKZAK München
deutsch, englisch
ISBN 978-988-99780-3-7

PastFinderZIKZAK Köln
deutsch, englisch
ISBN 978-988-99780-4-4

PastFinderZIKZAK Frankfurt
deutsch
ISBN 978-988-99780-6-8

PastFinderZIKZAK Dresden
deutsch
ISBN 978-988-99780-7-5

PastFinderZIKZAK Leipzig
deutsch
ISBN 978-988-9978-66-2

PastFinderZIKZAK Ruhrgebiet
deutsch
ISBN 978-988-9978-65-5

PastFinderZIKZAK Potsdam
deutsch
ISBN 978-988-99780-9-9

weitere Titel in Vorbereitung ...

PLAKATE (14,90 EUR)

Die Adler der Deutschen
ISBN 978-3-00-020332-9

Die Große Halle
ISBN 978-3-00-020333-6

BILDBÄNDE (29,90 EUR)

DEUTSCHLAND Einst & Jetzt
zweisprachig deutsch/englisch
ISBN 978-988-9978-72-3

www.pastfinder.de